你也能當包青天

中國古代犯罪偵查實務與理論

鄒濬智 編著
蕭銘慶 審訂

序

本書之編撰，主要在作為軍警、檢調犯罪偵查單位及司法教育單位「古代法制史」、「警政史」、「專業文選」及警察考試「國文」科選讀之參考讀物。本書之編撰，以今日犯罪偵查學之學理為架構，以中國古代司法案件為素材，系統地陳述中國古代犯罪偵查原理。

本書共分捌部，逐部對中國古代的犯罪偵查案例及原理進行說明：

第壹部「犯罪偵查的基本前提」講解重點：選文以說明中國古代偵查人員的必備條件及偵查不公開原則。

第貳部「現場調查」講解重點：選文以說明中國古代犯罪現場的證人訪查、犯罪時空重建及根據現場所做的犯罪剖繪。

第參部「證據鑑識」講解重點：選文以說明中國古代的犯罪科學鑑識——微物證據鑑識、痕跡證據鑑識、法醫鑑識及文書鑑識。

第肆部「情報蒐集」講解重點：選文以說明中國古代的犯罪偵查如何利用線民、臥底、監聽及跟蹤而為之。

第伍部「常用偵查謀略」講解重點：選文以說明中國古代常用的偵查謀略——欲擒故縱、將計就計、打草驚蛇及挑撥離間。

第陸部「搜捕技巧」講解重點：選文以說明中國古代搜捕嫌疑人的技巧——速捕、掩捕、跡捕及誘捕。

第柒部「常用偵訊技巧」講解重點：選文以說明中國古代常用的偵訊技巧——望聞問切、虛張聲勢、溫情攻勢、曉以利害、污點證人及李代桃僵。

第捌部「犯罪預防措拖」講解重點：選文以說明中國古代的犯罪預防措施——教化為先、防微杜漸、殺雞儆猴、下情上達、連坐保正及寓警於民。

本書各單元分【案例出處】、【原文】、【白話意譯】、【犯罪偵查原理簡析】及【古代其他相關案例選摘】五部分。【案例出處】說明單元所選讀之案例原文出處，並簡介案件承辦人；【原文】迻引原文並為難字、難詞進行注釋；【白話意譯】以意譯為主，直譯為輔，將【原文】翻譯為今日生活用語，方便讀者理解案情；【犯罪偵查原理簡析】簡要說明該案例的犯罪偵查原理，並佐以今日犯罪偵查學說；【古代其他相關案例選摘】迻引與單元主題相關之其他古代案例做為補充。

本書由鄒濬智完成底稿，蕭銘慶進行整稿、校稿及犯罪偵防學理的審訂。書中所引用及參考之文獻皆於附註中詳細說明出處，除方便讀者查閱外，也藉此表示對前人時賢無私貢獻學術的感謝。筆者學力未逮，本書必多有疏漏之處，萬望碩彥鴻儒不吝指教是幸。

目次

第柒章　常用偵訊技巧

第捌章　犯罪預防

第壹章 犯罪偵查的基本前提

犯罪偵查指對犯罪行為進行調查，過程中蒐集諸種證據，並將犯罪嫌疑人逮獲，使其接受法律的制裁，並還給被害人一個公道之謂。犯罪偵查的基本前提，一是必須有條件優良的人員進行偵查，保證偵查的效率和公正性，二是為確保偵查的順利，避免外界的干擾；偵查所取得的案件實情，當然不能公開偵查的內容，一方面是保護被害人，一方面是避免加害人獲知偵查人員的作為而閃躲，使得偵緝前功盡棄。

寬嚴相濟仁敏慎　高素質的偵查人員

【案例出處】

本單元原文選自（案件承辦人生平詳附註）：

《後漢書》　南朝‧宋范曄所著，與《史記》、《漢書》、《三國志》合稱「前四史」。全書採紀傳體，分八紀、八十列傳和八志（八志自司馬彪《續漢書》補入），記載自王莽起至漢獻帝間一百八十三年歷史。

《南史》　唐李延壽撰。全書採紀傳體，分八十卷，含本紀十卷，列傳七卷，上起宋永初元年，下迄陳禎明三年。記南朝宋、齊、梁、陳四國一百七十年史事。記載南朝歷史。《南史》與《北史》都是唐初史家李延壽的作品。

《元　史》

明宋濂等奉明太祖之命編撰的紀傳體史書，共二百一十卷，計有本紀四十七卷，志五十八卷，表八卷，列傳九十七卷，記元朝一代之事。然其修史之速，內容之誤，無史能及。

《朝野僉載》

唐張鷟所撰，記載唐初至開元年間事蹟，武則天朝之事尤多。內容亦多為作者親眼見聞，如酷吏之殘暴等，亦有不少神鬼怪異之事。宋洪邁《容齋續筆・卷十二》評它：「瑣尾摘裂，且多媟語」。《資治通鑑》、《太平廣記》多有引用。

《聊齋志異》

清蒲松齡所撰，簡稱《聊齋》，俗名《鬼狐傳》。《聊齋》是中國文學史上著名的短篇小說集。全書共四百九十一篇，內容多談狐、仙、鬼、妖，並以此來影射當時的社會現象，反映了一部分十七世紀中國社會面貌。

《魏　書》

北齊魏收所撰，此書以東魏北齊為正統，不為西魏三帝立紀，稱南朝為島夷。因作者借修史酬恩報怨，書被稱為「穢史」。唐劉知幾《史通》及清趙翼《二十二史劄記》對此書均有貶詞。

《折獄龜鑑》

宋鄭克在五代和凝父子《疑獄集》基礎上創作完成此書。書以條目類型整理案例，所見多引自正史或墓誌，兼附宋朝故事，還逐條加以評述。

清《四庫全書總目提要》稱其「究悉物情，用於見聞而資觸發，較和氏父子之書，特為賅備」。

【原文及白話語譯】

一　偵查人員的條件——懷柔無虐

【原文】

後漢袁安①為河南尹。政號嚴明，然未曾以贓罪鞫人。常稱曰：「凡學仕者，高則望宰相，下則希牧守。②錮③人於聖世，尹所不忍為也。」聞者皆感激自勵。在職十年，京師肅然。④（《後漢書‧袁安傳》）

【白話意譯】

東漢袁安擔任河南尹的任內，執政雖然非常嚴明，但從未只因查到贓物就將人定罪。他常說：「讀書當官的人，要嘛就立志當宰相，不然至少也是希望能擔任地方牧守。明君在位的時期隨便關押百姓，這是一般官員都不忍心做的事。」聽到這番話的人都十分感動，並以之自我要求。袁安在位十年，京師治安都很良好。

① 袁安字邵公，汝南郡汝陽縣，東漢初期的政治家。少傳祖父袁良學，習《孟氏易》。後獲舉孝廉，先後任河南尹等職，最終官至司徒，並在和帝時期與專權的外戚竇氏抗衡。後代於東漢一朝十分顯赫，多人擔任三公。

② 州郡的長官。州官稱牧，郡官稱守。《漢書．翟方進傳》：「持法刻深，舉奏牧守九卿，峻文深詆，中傷者尤多。」

③ 監禁；關押。《後漢書．崔寔傳》：「董卓以是收烈付郿獄，錮之。」

④ 指安定平靜，秩序良好。晉袁宏《後漢紀．桓帝紀下》：「進善退惡，風教肅然。」

二

【原文】

南齊竟陵王子良①為會稽太守時，山陰人孔平詣②子良，訟嫂市米負錢不還。子良歎曰：「昔高文通與寡嫂訟田，義異於此？」乃賜米錢以償之。（《南史．蕭子良傳》）

【白話意譯】

南齊竟陵王蕭子良擔任會稽太守時，山陰人孔平來拜見子良，並投訴他的嫂嫂向他買米卻欠錢不還的事。子良感嘆的說：「以前也有個高文通因為田產糾紛控訴他寡嫂的案件，和你這件案子有什麼兩樣？」於是子良就幫孔平的嫂嫂還清這筆債務。

① 蕭子良字雲英，齊武帝蕭賾次子，封竟陵王，官至司徒。子良通經史黃老，尤喜佛典，一生奉戒極嚴，自名為「淨住子」。子良為政體恤百姓疾苦，深受百姓擁護。

② 詣：造訪。《晏子春秋．雜下十》：「晏子至，楚王賜晏子酒。酒酣，吏二縛一人詣王。」

偵查人員的條件——見微知著

一

【原文】

懷州河內縣董行成能策賊。有一人從河陽長店盜行人驢一頭並皮袋，天欲曉，至懷州。行成至街中見，嗤之曰：「個賊住！」即下驢來。即承伏。人問何以知之？行成曰：「此驢行急而汗，非長行也；

【白話意譯】

懷州河內縣的董行成擅長抓賊。有一個人從河陽長店偷了路人的驢和驢上的皮袋逃亡，到天空微亮時已逃到懷州境內。董行成在街上看到，大叫：「你這個賊給我站住！」賊被拉下驢來就認罪了。別人問董行成怎麼知道他是賊？董行成答說：「驢走得這麼急，以至滿身冒汗，這不是長途商旅的駕法；看到人就把驢駕走繞遠

見人則引驢遠過，怯也。」（《朝野僉載》）

二

【原文】

後唐孔循①以邦計②貳職③，權領夷門軍府事。長垣縣有四盜鉅富，及敗，而捕繫者乃四貧民也。蓋都虞侯④者郭從韜之僚婿⑤，與推吏、獄典同謀鍛成此獄，法當棄市。

循親慮之，因無一言，領過蕭牆⑥，而乃屢顧。因召問之，云：「適以獄吏高其枷尾，故不得言。

路，這是駕者心虛而害怕的表現。」

【白話意譯】

五代・唐孔循因為國家政策而兼有二職，權領治理夷門軍府的業務。長垣縣有四名盜賊因為賊行而致富，事跡敗露後，被抓的卻是四名貧苦百姓。原來是都虞侯郭從韜的連襟和推吏及獄典合謀嚴刑拷打所造成的冤獄，並依法判了棄市死刑。

孔循親自前去審訊，四名囚犯一句話都不說，待到領走繞過蕭牆時，卻不時回頭探看。孔循再把他們都叫回來問，他們

請退左右，細述其事。」即令移於州獄，俾郡主簿鞫之。受賂者數十人，與四盜俱伏法，四貧民獲雪。（《折獄龜鑑・孔循慮囚》）

才說：「剛剛獄吏把枷尾拉高，卡住脖子說不了話。請您把左右摒退，讓我們好好說明。」孔循馬上將四名囚犯移監到州獄去，讓郡主簿來審理。查出因此案而受賄循私的有數十人，受賄者便和那四名盜賊一塊兒伏法，四名貧民的冤屈也獲得昭雪。

① 孔循少時流落汴州，為富人李讓養子。冒姓朱。天復四年，朱溫使任孔循為宣徽北院副使。朱溫後篡位為帝，任孔循為租庸使，與安重誨相結，但暗中卻與之爭權奪利。安重誨乃出之為忠武節度使，移滄州。

② 國家大計。《舊唐書・崔彥昭傳》：「入司邦計，開張用經緯之文；出統藩維，撫馭得韜鈐之術。」

③ 任副職。唐顏真卿〈廣平文貞公宋公神道碑銘〉：「貳職選曹，諫議是匡。」

④ 古官名。宇文泰相西魏，始置虞候都督，後因設虞候之官，職掌不盡相同。隋為東宮禁衛官，掌偵察、巡邏。唐代後期有都虞候，為軍中執法的長官，五代時都虞候為侍衛親軍的高級軍官。宋代沿置，殿前司、侍衛親軍馬軍司、步軍司均置都虞候，位次於都指揮使和副都指揮使。此外又有將虞候、院虞候等低級武職。

⑤ 姊妹的丈夫之互稱或合稱。《爾雅・釋親》「兩婿相謂為亞」晉郭璞注：「今江東人呼同門為僚婿。」

⑥ 蕭，通「肅」。古代宮室內作為屏障的矮牆。《論語・季氏》：「吾恐季孫之憂，不在顓臾，而在蕭牆之內也。」何晏集解引鄭玄曰：「蕭之言肅也；牆謂屏也。君臣相見之禮，至屏而加肅敬焉，是以謂之蕭牆。」

三

【原文】

（王思誠）①出僉河南山西道肅政廉訪司事，行部②武鄉縣，監縣來迓③，思誠私語吏屬曰：「此必贓吏。」未幾，果有訴於道側者，問曰：「得無訴監縣敚④汝馬乎？」其人曰：「然！」監縣抵罪。吏屬問思誠先知之故，曰：「衣弊衣，乘駿馬，非詐而何？」（《元史・王思誠傳》）

【白話意譯】

王思誠出任河南山西道肅政廉訪司，巡視轄區內的武鄉縣時，監縣前來迎接，王思誠私下告訴下屬說：「這一定是個貪官。」沒多久，果然有人攔道伸冤，王思誠一劈頭便問他：「你不是要投訴監縣搶奪了你的馬吧？」那人說：「沒錯！」便將監縣抓來論罪。下屬問王思誠怎能先一步知道百姓伸冤的內容，他說：「監縣穿著破爛衣服，卻騎著好馬，那馬若非他詐拐來的又是如何取得？」

① 王思誠字致道，元嵫陽人。天資過人，元至治二年進士，至正年間遷國與司業，拜監察御史，常上疏言時政，多被朝廷採納。後拜通議大夫、國子祭酒。
② 謂巡行所屬部域，考核政績。《漢書・朱博傳》：「吏民欲言二千石墨綬長吏者，使者行部還，詣治所。」
③ 迎接。《左傳・成公十三年》：「迓晉侯於新楚。」杜預注：「迓，迎也。」
④ 敓即奪，指強取、奪取。

四

【原文】

又（于成龍）①公為宰時，至鄰邑。早旦經郭外，見二人以牀舁②病人，覆大被；枕上露髮，髮上簪鳳釵一股，側眠牀上。有三四健男夾隨之，時更番以手擁被，令壓身底，似恐風入。少頃，息肩路側，

【白話意譯】

于成龍在廣西羅城縣任縣令時，因公務到鄰縣去。一大早他經過縣城郊外，看見兩個人用牀抬著一個病人，身上蓋著大被子；枕頭上露出一縷頭髮，上面別著一支鳳釵，側著身子躺在牀上。有三四個健壯的男人跟隨在兩旁，時常輪著用手將被子掖進婦女身下，好像怕風灌進去。沒多久就在路邊歇息，再換上另外兩個人來

又使二人更相為荷。于公過，遣隸回問之，云是妹子垂危，將送歸夫家。公行二三里，又遣隸回，視其所入何村。隸尾之，至一村舍，兩男子迎之而入，還以白公。

公謂其邑宰：「城中得無有劫寇否？」宰曰：「無之。」時功令嚴，上下諱盜，故即被盜賊劫殺，亦隱忍而不敢言。公就館舍，囑家人細訪之，果有富室被強寇入家，炮烙③而死。公喚其子來，詰其狀，子固不承。公曰：「我已代捕大盜在此，非有他也。」子乃頓首

抬。于成龍走過去之後，叫衙役回頭追上去盤問，他們答說是妹子病得厲害，快要死了，要把她送回婆家。于成龍走了二三里路，又叫衙役回去探看他們將人抬進哪個村。衙役尾隨在後，看見那夥人進了一個小村舍，門一開就有兩個男人來把他們迎了進去，衙役回來便將所見稟報于成龍。

于成龍問當地縣官：「城裡有沒有發生搶劫案？」縣官回答：「沒有。」當時朝廷對官吏的考核很嚴格，官員們全都想辦法吃案。就算百姓被盜賊劫殺，也隱瞞而不敢報案。于成龍到了公館住處，就囑咐心腹到處打聽，果然有家大戶，被盜賊侵入家中，烙死了主人，還搶走了錢財。于成龍召來大戶的兒子詢問，大戶兒子閉口不談。于成龍說：「我已經幫你把盜賊捉拿到這兒，不是

哀泣，求為死者雪恨。

公叩關④往見邑宰，差健役四鼓⑤出城，直至村舍，捕得八人，一鞫而伏。詰其病婦何人。盜供：「是夜同在勾欄⑥，故與妓女合謀，置金牀上，令抱臥至窩處始瓜分耳。」共服于公之神。

或問所以能知之故。公曰：「此甚易解，但人不關心耳。豈有少婦在牀，而容入手衾底者。且易肩而行，其勢甚重，交手護之，則知其中必有物矣。若病婦昏憒⑦而至，必有婦人倚門而迎；止見男

為了別的原因想套你的話。」大戶兒子這才哭著給于成龍磕頭，希望他能為父親報仇。

于成龍進城拜訪當地縣官後，指揮勇壯的衙役在夜裡四更出城，直奔村舍，當場抓住那八個男人，一經審問便全認了罪。問他們那個生病的婦女是什麼人，盜賊供認說：「那天夜晚住在妓院裡，便和妓女合謀把錢財放在牀上，叫她躺在牀上抱著，抬到賊窩再來分贓。」案子一破，大家都十分佩服于成龍的斷案如神。

有的人問他怎能知道那些人是盜賊呢？于成龍回說：「這案子極容易析理，只是有人不去仔細觀察罷了。哪有少婦躺在牀上，肯讓男人把手伸到被窩底下的道理？而且不斷換人抬著走，可以知道抬的東西肯定很重；抬的人又一直用手護著婦

子，並不驚問一言，是以確知其為盜也。」（《聊齋志異・于中丞》）

女，推敲婦女懷裡邊一定還有什麼寶貝。假如病婦昏迷不醒的送回婆家，一定有婦女在門口接應，但僅看到兩個男人出來，見了婦女重病既不感到驚訝，也不問一聲，因此斷定他們就是盜賊。」

① 于成龍字北溟，號於山，清山西永寧州人。明崇禎十二年舉副員，清順治十八年出仕，歷任知縣、知州、知府、道員、按察使、布政使、巡撫和總督，加兵部尚書、大學士等職。在二十餘年的宦海生涯中，三次被舉「卓異」，深得百姓愛戴，康熙帝讚譽：「天下廉吏第一」。

② 舁，指抬、扛。《三國志・魏志・鍾繇傳》：「時華歆亦以高年疾病，朝見皆使載輿車，虎賁舁上殿就坐。」

③ 炮烙，原指用燒紅的鐵烙人的刑罰。清孔尚任《桃花扇・歸山》：「俺正要省約法，畫獄牢，那知他鑄刑書，加炮烙。」這裡指烙人虐待。

④ 叩關，原指叩擊城門請求進入。春秋、戰國時列國都於邊界設關，檢查行客，客至必先進見關人。《周禮・地官・司關》：「凡四方之賓客叩關，則為之告。」這裡指登門拜訪。

⑤ 四鼓即四更。北齊顏之推《顏氏家訓・書證》：「漢魏以來，謂為甲夜、乙夜、丙夜、丁夜、戊夜；又云鼓，一鼓、二鼓、三鼓、四鼓、五鼓；亦云一更、二更、三更、四更、五更：皆以五為節。」

⑥ 勾欄原指宋、元時雜劇和各種伎藝演出的場所。宋孟元老《東京夢華錄・東角樓街巷》：「街南桑家瓦子，近北則中瓦，次裏瓦，其中大小勾欄五十餘座。內中瓦子蓮花棚、牡丹棚、裏瓦子夜叉棚，象棚最大，可容數千人。」後泛指聲色場所。

⑦ 昏憒，指頭腦昏亂、神志不清。《京本通俗小說・拗相公》：「荊公眼中垂淚道：『適才昏憒之時，恍恍忽忽到一個去處，如大官府之狀。』」

偵查人員的條件——讓證據說話

【原文】

魏司馬芝①為大理②正，有盜官練置廁中者，吏疑女工③，遂收付獄。芝曰：「刑戮之失，在於苛暴。今先得贓物，後訊其辭，若不勝楚掠④，或至誣服⑤，豈可折獄⑥？且簡而易從，大人之化也；不失有罪，庸世之治耳。今宥所疑，以隆易從之化，不亦可乎！」太祖從其議。（《魏書・司馬芝傳》）

【白話意譯】

魏司馬芝擔任大理正，發生了官練被盜、藏於廁中的案件，官吏懷疑是紡織女工幹的，就把女工送交審判。司馬芝認為：「刑罰的缺點在於太過苛暴。今天先查獲贓物才來審訊要口供，如果疑犯受不了苦刑，隨便招認不是他幹的案件，審判能這樣搞嗎？讓律法簡單化而使百姓易於遵從，這是聖人一直在教我們的事；不想錯放一個可能犯過罪的人，這是平庸的治世方法。現在寬恕可能的疑犯，改而施行聖人所說的簡單易懂的做法，難道不行嗎！」魏太祖也同意司馬芝的看法。

① 司馬芝字子華，河內溫縣人。東漢末及三國時曹魏官員。為官嚴明秉公。東漢末年與母親南下荊州避亂，在魯陽山遇賊，當時人都棄下老弱者逃跑，而司馬芝卻留下來保護母親，可見其孝順。任官曹魏時曾上書要求魏明帝曹叡重視農業；同時抑制官吏與民爭利的風氣。司馬芝後來在任內逝世，死時家無餘財，可見其清廉。

② 掌刑法的官。秦為廷尉，漢景帝六年更名大理，武帝建元四年復為廷尉。北齊為大理卿，隋唐以後沿之。《韓非子．外儲說左下》：「夷吾不如弦商，請立以為大理。」陳奇猷集釋引太田方曰：「《禮．月令》注：『理，治獄官也。有虞氏曰士；夏曰大理；周曰大司寇。』」

③ 指從事紡織、刺繡、縫紉等工作的婦女。《周禮．天官．序官》：「縫人奄二人，女御八人，女工八十人，奚三十人。」鄭玄注：「女工，女奴曉裁縫者。」

④ 拷打。《三國志．魏志．滿寵傳》「或融間考掠彪」南朝．宋裴松之注：「臣松之以為楊公積德之門，身為名臣，縱有愆負，猶宜保祐，況淫刑所濫，而可加其楚掠乎？」

⑤ 謂無辜而服罪。《史記．李斯列傳》：「趙高治斯，榜掠千餘，不勝痛，自誣服。」

⑥ 判決訴訟案件。《易．豐》：「君子以折獄致刑。」孔穎達疏：「斷決獄訟。」

偵查人員的條件——毋枉毋縱

【原文】

梁陸襄①（陸曉從孫），為鄱陽內史時，妖賊鮮於琮敗獲之後，鄰郡豫章、安成等守宰案其黨與，

【白話意譯】

梁陸襄擔任鄱陽內史時，當地盜匪鮮於琮集團被破獲，豫章、安成等鄰郡的守宰在追捕黨羽時，因為想從中要求賄賂，所以抓到的未必真的是集團的共犯，還有

因求貨賄②，皆不得實，或有善人盡室罹禍，惟襄郡境枉直無濫。人歌之曰：「鮮於抄後善惡分、人無橫死賴陸君！」（《南史・陸曉傳》）

一些善良百姓因此全家遭殃；只有陸襄管轄境內執法公正，沒有冤枉的情事發生。當地人便編了歌謠唱說：「鮮於琮被抄滅後官員的好壞馬上就現形、善良百姓不遭橫禍全因仰賴陸襄呀！」

①陸襄本名袞，字趙卿，吳縣人，朝廷奏事者誤「袞」為「襄」，梁武帝因賜他改名為襄，字師卿。陸襄以仁孝著稱於世。天監三年，都官尚書范岫表薦任著作佐郎。昭明太子蕭統又薦梁武帝，之後累任太子家令、鄱陽內史、度支尚書等要職。陸襄終身蔬食布衣，清貧居官四十五年。梁天正二年，梁元帝追贈陸襄為侍中、雲麾將軍，食邑五百戶，後又追封余干縣侯。

②貨賂，指賄賂。《資治通鑑・隋文帝開皇十年》：「虞慶則等奉使關東巡省，還，皆奏稱『鄉正專理詞訟，黨與愛憎，公行貨賄，不便於民。』上令廢之。」

偵查人員的條件——衡量情理法

【原文】

後漢鍾離意①為會稽北部督郵，有烏程男子孫常，與弟並分居，各得田四十頃。並死，歲饑，常稍以米粟給並妻子，輒追計直作券，沒取其田。並兒長大，訟常。掾史②皆言：「並兒遭餓，賴常升合③，長大成人，而更爭訟，非順遜也。」意獨議曰：「常身為伯父，當撫孤弱，而稍以升合，券取其田，懷挾奸詐，貪利忘義。請奪其田，畀④並妻子！」眾議為允。

【白話意譯】

東漢鍾離意擔任會稽北部督郵時，烏程這地方有個男子孫常和他弟弟孫並分家，各分得四十頃田。孫並死後當地發生饑荒，孫常偶爾送些米粟給孫並的妻兒，後來卻將這些送出的米粟折現改成債券，據以奪取孫並家的田產。孫並的小孩長大後控訴孫常。處理的掾史們都說：「孫並的小孩遭遇饑荒，都是靠著孫常的些微救濟才得以長大成人，今日卻為此興訟，這不是晚輩對待長輩的做法。」只有鍾離意一個人主張：「孫常身為伯父，本就有撫養孤弱的責任，只是給予些微救濟，便做成債券奪人田產，這是心中存有奸詐、貪財忘義才做得出來的事。請把他奪去的那些田還給孫並的妻兒吧！」大家思考之後都覺得鍾離意的判決十分公允。

——《折獄龜鑑・鍾離意畀田》

①鍾離意字子阿，會稽山陰人。年輕時在郡中做督郵。漢光武建武十四年，會稽郡瘟疫，死者以萬計，鍾離意一人親自撫恤災民。後來推薦為孝廉。鍾離意十分仁慈，對犯人也是如此：一次負責押送囚犯到河內府，天冷讓犯人染病，鍾離意為犯人製衣；瑕丘縣小吏檀建盜竊，鍾離意也讓他回家奔喪。鍾離意為官以仁化人，百姓富足，後因痼疾死於任上。

②掾史，官名。漢以後中央及各州縣皆置掾史，分曹治事。多由長官自行辟舉。唐宋以後，掾史之名漸移於胥吏。《後漢書・百官志一》：「（太尉）掾史屬二十四人。」

③升合，指一升一合，比喻數量很小。《三國志・蜀志・楊洪傳》「洪迎門下書佐何祇」南朝・宋裴松之注：「使人投算，祇聽其讀而心計之，不差升合，其精如此。」

④畀，指給予、付與。《詩經・小雅・巷伯》：「取彼譖人，投畀豺虎。」高亨注：「畀，給予。」

【犯罪偵查原理簡析】

根據本單元的整理，中國古代對犯罪偵查人員的要求有「懷柔勿虐」、「見微知著」、「讓證據說話」、「毋枉毋縱」和「兼顧情理法」五個條件：

一、懷柔勿虐

「懷柔勿虐」在要求犯罪偵查人員能站在百姓的立場來思索，不要一味的只想要破案或是懲罰百姓，應該治標也治本的去了解犯案動機，再去移除動機，藉此減少百姓的犯罪行為和與官府的衝突。

二、見微知著

「見微知著」在要求犯罪偵查人員必須處處留心——要有「觀察力」，也要多方推敲——「推理能力」。犯罪偵查是一項需要偵查人員全心投入智力、時間的工作，但是在此同時，偵查人員或偵查工作是否須具備其他要件，方足使偵查工作獲致成功結果。刑案偵查雖以「偵查方法」運用為主要部分，但「精神因素」實佔有更重要地位。①

為求審判之效率與人情之兼顧，古人重視「片言折獄」之實踐。「片言折獄」在中國古代司法領域中存在和運行的典型方式是：司法官在沒有確鑿證據或事實根據的情況下，以自身對案件具體案情的理解，根據自身的斷案經驗和人情事理的判斷，通過對雙方當事人或犯罪嫌疑人以及證人的言辭與行為表現進行辨明和判斷，從而最終裁決案件。②

今日論及「見微知著」，其中還可分成「案情研判」和「建立偵查假說」二點進行說明：

案情研判③

犯罪偵查人員必須透過現場勘查和推理，進行案情研判。案情研判的方法是以偵查計畫中的八個問題為主要研究的對象④：犯罪的性質問題；犯罪的時間問題；犯罪的地點問題；犯罪的動機問題；犯罪的方法問題；犯罪的工具問題；有無共犯問題；嫌疑人的範圍問題。

以上的八個問題均與犯罪偵查有關，偵查人員在勘查現場時，應冷靜的考慮，那一個問題是本案偵破之關鍵。對於一件刑案首應瞭解其週圍環境，事物的本身內容，從外觀察其肇因的由來和所處的地位，從內觀察其包含的成份，和他構成的因素。內外都透澈了之後，才能根據客觀事實和本身的實況來決定進行偵查的具體計畫和辦法。

凡事有因必有果，而且因果之互相關連，都有它的一定法則。普通偵辦案件多憑個人經驗來體認事物的因果關係，但最重要的是要能精心研究一切事物，才能獲得辦案的豐富經驗和實用的學問。

1 觀察現象，研究事象

案情性質之研判實為偵查發展之基點，如研判錯誤，偵查方向亦錯誤，一切部署都落空，故現場勘驗首須細心觀察現象，研究事項，剝繭抽絲，分析研判，探求事實真象，否則單憑直接觀感來臆斷，將易發生幻覺而陷入錯誤。

2 現場嚴密搜索，查證細心確實

沒有確實情況與證物之依據，即沒有正確之研判，故現場細密之搜索與人物之查證，實為獲得確實情況和正確研判之重要措施，所以不論對人的查證，及對物的搜查，或者是對場所的搜索，都必須細密精到，耐心確實，要從搜索中求得發現，從查證中求得真實。

3 問聞觀察，洞察機微

有時表面看來甚為簡單的案件，裡面卻包含著極複雜的內情。所以案情研判必須要從「問聞觀察，洞察機微」八個字上下工夫。問聞可以知事態演變之詳細經過，觀察可以鑑定現場之正確現象，然後加以慎思明辨分析研究的工夫，則判斷不致有所偏差。

完成案情研判之後就必須提出假說，再一一加以驗證，確定或修正自己的研判。

建立偵查假說⑤

偵查假說，又被稱作「偵查推論」。這是在偵查工作的實施過程中，根據現有案件的事實情況，運用邏輯思維方法，對需要查明的問題，作出推測性的解釋。偵查假說由三大部分所組成，即事實材料、核心假設和推論。事實材料是偵查假說賴以建立的基礎。一般說來，事實材料占有得愈詳實、豐富，在此基礎上所提出的偵查假說就愈有生命力。而且，材料的真實性還必然影響偵查假說的真實性。

偵查假說中的推論，即是從核心假設出發，根據事物發展的內在邏輯而引伸出來的一些新的判斷。偵查假說不僅要把各種已經掌握的事實材料綜合起來，還要有創造性的思維成果。而創造性的思維成果，並不是靠偵查人員隨心所欲地杜撰而成的，而是根據一定的客觀規律從核心假設中推導出來的。

一般說來，從核心假設推出新的判斷，必須利用演繹推理的方法，因為，邏輯科學認為，只有演繹推理（包括完全歸納法）才能給我們提供必然的結論。而不完全歸納推理與類比推理，只能提供或然性結論。因此，利用這種推理所得到的結論，在偵查假說中只有參考價值，只能起到幫助我們打開思路的作用，而不能具有更大的意義。

1 構造偵查假說的側重點

(1) 必須明確偵查假說所針對的疑點是什麼。

(2) 必須明確形成偵查假說的科學理論和一般規律是什麼。

(3) 偵查假說必須具有一定的解釋能力，而且，它的解釋能力愈強，即對相關事件解釋得愈多，它的意義就愈大。

(4) 偵查假說必須提出解決問題的途徑和方案。

2 形成偵查假說的基本步驟

(1) 發現疑點

人的思維總是從發現疑問開始的。意外情況的出現，用已有知識很難給予圓滿解釋，我們就產生了「疑問」。這個疑問會深深地印在人的腦海中，激發人們調動一切積極性，從各種途徑來探索怎樣才能正確地解決問題，使思維機器高效率地運轉起來。在偵查工作中，我們把那些暫時無法解釋，與案情有關，並需要澄清的現象，稱為「疑點」。疑點的產生，通常是在接受了任務，深入現場，經周密地觀察、實驗和訪問有關群眾之後出現的。疑點一旦發現，我們就找到進一步開展偵查工作的方向。

(2) 提出假設

針對疑點，在大量材料和科學知識的基礎上，提出初步的關於疑點的解釋性答案，這個環節就稱作「提出假設」。

A 利用假設來解釋已掌握的事實

假設一經提出，就要用它來組織我們已掌握的材料，形成新的綜合。在偵查工作中，這個思維環節主要表現在已有假設來解釋已掌握的各種事實，看它能不能把我們經過千辛萬苦的勞動而收集起來的材料，透過合情合理的解釋而有機地組織起來。

B 從假設中推論出預見性結論

這是從已知推出未知的步驟。偵查工作實施過程中，我們不能滿足於已經掌握了多少情況，而是要從這些已知材料出發，得到更多更有價值的新認識。由於這些新認識是按一定規律推導出來的，在這個階段只是在理論上為人們所掌握，還需要按照這個理論去提示去尋找它們所對應的客觀事物，所以，我們把它稱為預見性的結論。

3 形成偵查假說的基本方法

形成偵查假說的方式方法很多，從邏輯的角度講，主要有以下三種：

(1) 利用類比法形成假說

所謂類比法，就是根據對象間本身所具有的相似的屬性來進行推理。其基本思想是，如果甲、乙兩種對象有許多屬性類似，那麼，由已知甲有某種屬性，可推出乙也有這種屬性。

(2) 用歸納法形成假說

所謂歸維法，就是從個別現象中推出這類事物的普遍規律的推理方法。這是人們從個別認識上升到一般認識的基本途徑。根據在推理時是否考察了一類事物的全部對象，可以把這種推理劃分為完全歸納推理和不完全歸納推理。完全歸納推理的特點是，窮盡地考察了一類事物的全部對象，再形成一般命題，因而是必然性推理。不完全歸納推理的特點是，它沒有窮盡地考察全部對象，而只考察了其中一部分，就得到了一般命題，因而不是必然性推理。

(3) 利用演繹法形成假說

從一般性前提出發，推出個別性結論的推理，就是演繹法。這種推理的特點是，由真命題出發，能必然地推出真的結論。這是一種最為人們所熟悉和推崇的推理方法。

三、讓證據說話

犯罪偵查人員最忌有先入為主看法，再依此看法去羅織罪證或屈打疑犯成招。刑訊逼供使一個人遭受肉體或精神上的痛苦，以便從他那裏獲得口供。其所施行的網織重罪的野蠻行徑，是與人類文明背道而馳的，其之於人之精神、肉體的嚴酷摧殘，更是對生而自由之人格尊嚴的極端踐踏。縱覽歷代刑訊史可知，秦漢以降各代，大都從立法上對非法刑訊進行了限制。有的朝代對禁止刑訊甚至規定得相當完備。但一旦付諸實踐，都與條文背道而馳。究其原因，除了法隨人意的制度本身外，缺乏對執法官吏的監督是一個重要方面。⑥犯罪偵查人員應該有幾分證據說幾句話，才能得到客觀的偵查結果。

證據的取得與運用⑦：

證據的取得

1 痕跡理論

痕跡理論之核心基礎即在「犯罪現場」，犯罪現場乃刑事案件現場之簡稱，通說謂犯罪現場為直、間接實施犯罪行為及與該刑案有相關關係之處所。理論基礎：犯罪者幾乎沒有不留下痕跡者；犯罪者難以湮滅所有痕跡。

2 地毯理論

為避免遺漏各種偵查資料，並希望取得有關案情之所有資料，而對「人、事、時、地、物、如何、為何」等七何項目，所作全面、密集而澈底之偵查之謂也。亦即「查案績效與地毯灰塵之次數成正比」。特點：任何線索均不放棄；不採用重點式偵查。

證據的運用

1 過濾理論

所謂「過濾理論」是在眾多或相當程度之偵查資料中，依據案件關連性，針對不重要、不必要、不可靠、不相關之部分，以經驗法則、論理法則，根據犯罪外在表徵的證據，作審慎過濾之作用，而保留與案情發展有助益之資料，並重覆驗證，以鎖定偵查方向或範圍之偵查理論。因之，過濾理論又可稱為「層層圈進理論」或「縮小偵查範圍理論」。

2 拼圖理論

所謂拼圖係指對於已知之零星或局部資料、潛伏或隱藏資料、散失或缺漏資料之串聯、組合、推定、浮現、填補或重建而言。則所謂拼圖理論係指偵查資料、犯罪資料或犯罪行為資料之組合、回復、重建、推定、串聯或再現而言。

3 比對理論

就特定偵查目的，而將類似之資料廣泛蒐集，並比較其間差異，以求取較可行之偵查方向或直接間接推定犯罪事實之謂也。

四、毋枉毋縱

法律之設立主要是希望在最低限度之下維持社會的安定和百姓的權益。犯罪偵查人員的本分就是找出這些破壞社會秩序和險及百姓安全的不法分子。執法一定要毋枉毋縱，不能受到感情的牽扯而意氣用事。一切依法行政，才能確保社會的公平正義。人類社會的運作無誤，也著實端賴公平正義。

五、兼顧情理法

法律之設立在彌補道德約束之不足。法律由人所設置，人並非完人，法也可能有惡法。如何補救法律的不足，這必須依賴執法人員的持平衡量。中國待人處事的傳統，強調先情理，後法律。如果法律有所不足，必睽諸情理。寬嚴相濟才能得人情之中庸。

寬嚴政策也是今日中國大陸基本的刑事政策。從寬從嚴都不能超過《刑法》規定的量刑幅度。中國大陸《刑法》中對每一罪行的量刑幅度，都體現了寬嚴政策。寬嚴政策的核心是「坦白從寬」。⑧

古人所要求的犯罪偵查人員應具備之條件素質如上。今日學者曾指出理想的犯罪偵查人員，需要具備以下的條件，可與上文相互對參⑨：體格健全、精力充沛、行動敏捷且勇敢；品學兼優、常識豐富、熟悉法令、通達民情；機警、聰明、縝密、識人、沉著、堅毅、理智、忍耐、好奇、守法；富有觀察力、創造力、推斷力、辨別力；明悉各種犯罪的原因、方法、工具及其證據；瞭解心理學，善用偵訊術；豐富的經驗，優良的教育與訓練。

① 林吉鶴、孟維德、林煒翔〈刑案偵查影響因素之研究〉，《中央警察大學學報》三三期，一九九八年九月，頁八三至一一八。

② 史新雨《論中國古代的片言折獄》，吉首：吉首大學法學碩士論文，二〇一二年五月，頁一。

③ 〈警察偵查犯罪規範〉第八六條：「案情研判就犯罪偵查而言，是指一件刑案發生後，偵辦人員根據現場情況和搜查所得之證物，告訴、告發或證人之陳述，以及直接間接調查所得『有關本案的人、時、地、事、物』之資料時，予以研究分析，加以判斷其真偽，罪之有無、理之曲直，以期發現真實。」

④ 王乾榮《犯罪偵查》（臺北：臺灣警察專校，一九九一年初版，二〇〇四年修訂三版六刷），頁一〇一。

⑤ 李延鑄等人編著《偵查邏輯學》（成都：西南交通大學出版社，一九九一年），頁九四至一二六。

⑥ 周斌、秦雪〈論中國古代的刑訊逼供及其殷鑑〉，《求實》二〇〇一年十一月號，頁一七至一八。

⑦ 由林吉鶴所提出，見氏著《犯罪偵查理論》，桃園：中央警察大學出版社，一九九八年增訂版。另樵林《犯罪偵查》（臺北：學儒數位，二〇〇一年），頁六五至九六亦有所引述說明，可參。此外，常被人們所使用的犯罪偵查理論還有路卡理論、四面向連結理論、桌腳理論、犯罪剖繪、地緣剖繪、犯罪偵查五階段理論等，詳見侯友宜、廖有祿、孝文章〈犯罪偵查理論之初探〉，《警學叢刊》四十卷五期，二〇一〇年三月，頁一至一五。

⑧ 熊則坤《偵查辯證法》（北京：警官教育出版社，二〇〇〇年一月），頁一八一。

⑨ 呂金榮《犯罪偵查理論與實務》（臺北：三鋒出版社，一九八四年初版，一九八九年三版），頁一〇九至一一〇。

附一：中央警察大學教育宗旨

中央警察大學之建校，秉持奉獻國家、造福社會、服務民眾信念，遵循倫理、民主、科學之精神，以誠為校訓，以力行為校風，培養術德兼修、文武合一之優秀人才，蔚為國用。

一、教育體制與任務——本校為我國警察教育之最高學府，隸屬於內政部，受教育部之指導。因此，本校教育不僅需要具備大學教育的實質內涵：更需符合幹部教育的要求。具體而言，本校之主要任務為：研究高深警察學術；培養警察專門人才。

二、教育理念與方針——本校基於對教育宗旨之體認，在教育理念上特別注意專業教育、通識教育及人格教育三方面之兼容並蓄與平衡發展。而在教育方針上，則特別強調：品德與學術並重、通識與專業均衡、理論與實務結合、學科與術科互補、嚴管與勤教並施、研究與發展兼顧、行政與教學配合。

附二：臺灣警察專科學校教育目標

培養忠貞愛國、品操端正、學識優良、體魄強健、敬業樂群，具備執行各種警察、消防勤、業務能力之基層人員。

陶魯密謀盡擒賊 ⊕ 偵查不公開

【案例出處】

本文選自《明史・陶魯傳》。《明史》由清張廷玉等人奉命編撰，是二十四史中的最後一部，採紀傳體編成，全書記載從明太祖洪武元年至明思宗崇禎十七年共二百七十七年的明朝歷史。本案承辦人陶魯生平詳本書「犯罪預防——教化為先」、「犯罪預防——寓警於民」。

【原文及白話語譯】

【原文】

天順七年，（陶魯）秩滿①，巡撫葉盛上其績，就遷知縣。尋以破賊功，進廣州同知，仍知縣事。魯善撫士，多智計，謀定後戰。鑿池公署②後，為亭其中，不置橋，夜則召部下計事。以板渡一人，語畢，令退，如是凡數人。乃擇其長而參伍用之，故常得勝算而機不泄。

羽書狎③至，戎裝宿戒，聲色不動。審敵可乘，潛師出城。中夜合

【白話意譯】

明天順七年，陶魯任滿，巡撫葉盛上書表彰他的政績，就近改遷知縣。很快就因為破獲當地盜賊集團之功，升任廣州同知，仍然兼辦縣政。陶魯很懂得招撫讀書人，自己也常有很多好點子，他做事都是先計劃好才去做。陶魯特地在公署後面挖一深池，池中間蓋了涼亭卻不搭橋。到了晚上就召喚部下到亭中討論。一次只用舢舨渡來一人，一討論完馬上讓他離開，一連約談了好幾名部下。他再於其中挑選幹部來帶領手下，因為這樣的討論方式，既得到好的計謀，也不會洩漏了機密。

圍，曉輒奏凱④。賊善偵，終不能得其要領。

陶魯和其他部下來往的書信都只由親信傳遞；包括自己在內的所有人從早到晚都全副武裝，卻一直按兵不動。他一直觀察到敵人漏出破綻，才隱密地調動部下出城討賊。利用半夜出兵，將盜賊團團圍住，天剛亮就將之一舉成擒。因為陶魯做事保密到家，盜賊再怎麼會偵察，也都搞不清陶魯的意圖。

① 秩滿，指官吏任期屆滿。《南史．虞寄傳》：「前後所居官，未嘗至秩滿，裁期月，便自求解退。」
② 公署，指官員辦公的處所。唐韓偓〈寄遠〉詩：「孤竹亭亭公署寒，微霜淒淒客衣單。」
③ 狹，在此指親近的人。《禮記．檀弓下》：「夫入門右，使人立于門外告來者，狎則入哭。」鄭玄注：「狎，相習知者。」
④ 凱，為得勝所奏之樂。《周禮．春官．大司樂》：「王師大獻，則令奏愷樂。」鄭玄注：「大獻，獻捷於祖；愷樂，獻功之樂。」謂戰勝而奏慶功之樂。後以「奏凱」泛指勝利。

【犯罪偵查原理簡析】

犯罪偵查，敵在暗，我在明，偵查人員的一舉一動很容易被觀察，偵查人員的下一步也就很容易被推測，犯罪分子於是就能從容地找出應對的方法。偵查行為事倍功半，偵查的效率和破案也就遙不可及。為使犯罪偵查順利進行，不要打草驚蛇，必須要採取「秘密偵查」的方式而為之。本案承辦人陶魯便是將所有偵緝行為保密到家，使得盜賊對於他的偵緝行為和後來計畫一無所知，最後才得以將犯罪集團一舉成擒。

「秘密偵查」是指偵查機關採取隱瞞身份、目的、手段的方法，在偵查對象不知曉的情況下，發現犯罪線索，蒐集犯罪證據，乃至抓捕犯罪嫌疑人的活動。①因為犯罪活動具有隱蔽性，所以作為犯罪之對立面的偵查活動也不得不具有一定的秘密性。②

為使秘密偵查有所依據，我國在一九九一年「全國高層檢警聯繫會議」通過「偵查不公開」原則（法源依據為《刑事訴訟法》第二四五條）：

（一）偵查犯罪之人員非經所屬機關授權，不得對外發言。

（二）偵查犯罪之人員即因職務上知悉案情之人員對於具體案情、偵查方向均應嚴守秘密。

（三）對於被害人檢舉人之姓名、年籍、住址均應予以保密。③

警察機關的《警察偵查犯罪規範》也因此特立一「秘密原則」（依內政部警政署八十三年八月八日警署刑偵字第四一八三號函）：

（一）偵查秘密：偵查不公開之謂。

（二）案情秘密：偵查刑案，必須嚴守案情秘密，謹言慎行，以免影響偵查工作。

（三）身分秘密：對於檢舉犯罪或提供破案線索之人應保守其身分秘密，不得損害其名譽與信用。

（四）名譽秘密：保全犯罪嫌疑人、被害人及其他關係人之名譽，維護人民權益；尤應慎重處理新聞，以符偵查不公開原則，避免發言不當，並兼顧犯罪嫌疑人及相關人士之隱私與名譽，以便利新聞記者之採訪。

（五）迴避原則：執行偵查任務人員如與犯罪嫌疑人、被害人、關係人，具有親屬關係或與其執行職務有偏頗之虞時，應予迴避。

偵查不公開又稱偵查密行④，內涵又可細分為「偵查程序不公開」和「偵查內容不公開」兩個層面。前者的意義在於禁止公開偵查之作為，以維護偵查之順利進行及證人之保護；後者禁止公開偵查過程中所發現的事實，避免對於未經審判程序之被告的名譽造成難以回復的損害，或侵害到相關人士的權利、隱私等。在我國，其操作標準則是藉由法務部所頒定的「檢察、警察暨調查機關偵查刑事案件新聞處理注意要點」。

偵查不公開可以達到的效果有⑤：

（一）維護國家追訴權之利益：依新聞處理要點第三點的規定，偵查期間，有防止偵查秘密外洩，導致犯罪嫌疑人逃亡藏匿、湮滅證據或勾串偽證之必要。

（二）保護被告人權：刑事被告在未經法院依證據認定有罪之前，應受無罪推定，偵查程序尚屬證據蒐集階段，若將偵查內容公開，對被告或犯罪嫌疑人名譽、隱私等人格權將有很大的影響，更有甚者，這種強逼被告攤在媒體壓力下造成的輿論公審烙印，即使被告日後已接受完司法的刑罰，也阻礙了他更生、改過自新的機會。

（三）保護被害人、證人及其他關係人：被害人、證人和其他關係人同樣也會因為相同原因而受到相同的侵害。

（四）確保審判的公平性：檢察官或偵查輔助機關一但公開偵查內容，經媒體傳播周知後，容易造成媒體審判和人民公審，形成公眾預斷，使人民對檢調不具信心。若日後法院判決被告無罪，與媒體、人民的認知形成一強大落差，此時就極易形成人民對法院的不信任，而引起司法的信心危機。

①何家弘〈秘密偵查立法之我見〉，《法學雜誌》二五期，二〇〇四年。
②秦文超〈中國古代偵查方法及興衰原因之分析〉，《江西公安專科學校學報》一三三期，二〇〇九年七月，頁五〇。
③林茂雄、林燦璋《警察百科全書（七）》（臺北：正中書局，二〇〇〇年），頁四。
④林俊益〈偵查密行原則〉，《月旦法學教室》六五期，二〇〇〇年十月，頁一八。
⑤吳巡龍〈偵查不公開與得公開之界線〉，《月旦法學雜誌》一五〇期，二〇〇七年十一月，頁二四九。

【古代其他相關案例舉隅】

出處

晉陳壽《三國志．魏書．國淵傳》

原文

時有投書誹謗者，太祖疾之，欲必知其主。淵請留其本書而不宣露①。其書多引〈二京賦〉，淵敕②功曹曰：「此郡既大，今在都輦③，而少學問者。其簡開解年少，欲遣就師。」功曹差三人，臨遣引見，訓以：「所學未及〈二京賦〉。博物之書也，世人忽略，少有其師，可求能讀者從受之。」又密喻旨，旬日得能讀者，遂往受業，吏因請使作箋。比方其書，與投書人同手。收攝案問，具得情理。

白話意譯

當時有人用文宣毀謗曹操，曹操十分生氣，希望趕緊把事主給逮到。國淵請曹操先把文宣留著但不要張揚。由於看到文宣裡引用很多〈二京賦〉的話，國淵便向部下說：「本郡幅員廣闊，又是京師所在，卻很少聽聞這裡有著名的學者，其實只要具有能開示後輩的能力，就去向他拜師吧！」部下之間便推舉出三個進修的人選。國淵對他們說：「你們都沒學過〈二京賦〉。百科全書常被世人忽略，也沒有什麼人能教，你們可以向能讀〈二京賦〉的人求學受業。」國淵又私底下要求這些人十日之內要找到能讀〈二京賦〉的人前往拜師，這些進修的官員於是請能讀〈二京賦〉的寫個箋條、開個證明覆命。國淵一個個比對這些箋條證明和毀謗文宣上的筆跡，找出如出一轍的一件來。於是將開這件箋條證明的人抓來詢問，一問就問出了案件的實情。

注釋

①宣露，指泄露、透露。《後漢書．馮異傳》：「光武故宣露軼書，令朱鮪知之。」

②敕，古時自上告下之詞。《三國志．吳志．呂蒙傳》：「蒙未死時，所得金寶諸賜盡付府藏，敕主者命絕之日皆上還，喪事務約。」

③都輦，指京城，國都。《三國志．吳志．胡綜傳》：「權又問可堪何官，綜對曰：『未可以治民，且試以都輦小職。』」

第貳章

現場調查

中國是犯罪偵查的發源地之一，早在秦漢時期，就已經十分注意到犯罪現場的調查，也開始運用現場勘驗方法偵破案件。《睡虎地雲夢秦簡》中的《封診式》和《張家山漢簡》中的《奏讞書》都有現場勘驗的記載。譬如《封診式·穴盜》爰書就是秦國檢驗人員對盜竊現場進行勘驗後所製作的報告。該文書詳細記錄了「綿裾衣」失竊現場的方位，現場遺留的物品、痕跡及存在狀態，並根據勘驗情況分析了作案工具。現場勘驗是沿著犯罪人的進出路線而進行，這說明當時的現場勘驗細緻全面，已經具備了較高的勘驗水準。①

從宋代《洗冤集錄》一書的記載內容看，作者宋慈已認識到：屍檢僅是獲取犯罪資訊的手段之一，在實踐的同時，必須進行現場勘驗和調查訪問。只有三種措施綜合運用，才能全面獲得現場的犯罪證據和線索。譬如《洗冤集錄·醉飽後築踏內損死》就記載：「凡人吃酒食至飽，被築踏內損亦可致死，其狀甚難明，其屍外別無他故，唯口、鼻、糞門有飲食並糞帶血流出。遇此形狀，須仔細體究曾與人交爭，因而築踏，見人照證分明，方可定死狀」。此條文獻指出宋慈認為要認定此類案件，除檢出屍體性狀外，還需進行現場訪問。只有屍檢情況與證言一致，才能確認「築踏內損致死」。現場勘驗、屍體檢驗、現場訪問三位一體的勘驗模式能夠沿用至今，說明其有存在的合理性。首先，偵破案件既需要實物證據，又需要言辭證據。現場勘驗和屍體檢驗是發現和蒐集實物證據的手段，現場訪問是發現和蒐集言詞證據的方法。三項活動同時進行，才能全面蒐集案件證據，準確認定案情。其次，現場訪問的對象一般為報案人、在場人、知情人。在現場勘驗和屍體檢驗之時，案件剛剛發生，證人記憶猶新。此時進行現場訪問，可以為現場勘驗和屍體檢驗提供寶貴的案情線索，便於勘驗人員有針對性地開展相關工作。同時，偵查人員通過現場訪問還可以發現和蒐集相關證據，瞭解案發過程和犯罪嫌疑人特徵等等，為破獲案件創造條件。[2]

現場事證可以分為物證、事證、痕跡證據、人證。依照它們對現場重建所能發揮的功能，可以分成六種跡證[3]：

一、時間性證據：時間在犯罪之過程上佔有很重要之地位，知道時間即可瞭解先後次序。

二、次序性證據：所謂次序性證據即說明犯罪行為先後關係，藉以推定案件發生的次序，進而推演出犯罪之過程。

三、方向性證據：方向性證據可以顯示物移動時之方向或由何處所來。

四、位置性證據：位置性證據可以顯示被害人與加害人之位置，並可推定有無共犯。而往往刑事案件中，加害人與被害人之間相關距離、位置即屬現場重建不可或缺之因素。

五、範圍性證據：範圍性證據係可提供偵查人員偵查蒐證的範圍。而若有發現新證據，則必須縮小或擴大搜查境界，若有必要，甚且改變搜查地區。

六、情況證據：所謂情況證據乃為不一定是依科學鑑定所得，卻對案情研判有相當幫助之證據，通常由偵查人員查訪得來。例如：被害人之生活習慣、癖好，案發時附近居民聽到之聲響等。

① 黃道誠〈先秦至漢代的司法檢驗論略〉，《河北大學學報》哲學社會科學版二〇〇八年三期，頁六四至六九。
② 黃道誠〈宋代偵查中的現場勘驗初探〉，《河北大學學報》哲學社會科學版二〇〇九年三期，頁一一二。
③ 郭振源編著《刑案現場重建之研究》（桃園：中央警官學校，一九九五年），頁一至五。

明查暗訪刺套騙 ⊕ 證人訪查

【案例出處】

本單元原文選自（案件承辦人生平詳附註）：

《國朝先正事略》

《智囊全集》

為清李元度所撰。該書記錄清帝國建朝至咸豐朝朝野聞人一千一百零八人傳略，同治三年開始撰寫，全書可分為〈名臣〉、〈名儒〉、〈經學〉、〈文苑〉、〈遺逸〉、〈循良〉、〈孝義〉七門；另朱孔彰著有《國朝先正事略續編》四卷。

為明馮夢龍所編，又稱《智囊補》，也稱《智囊》、《增智囊補》、《增廣智囊補》等。該書是馮夢龍根據稗官野史、傳說傳奇、歷史故事、筆記叢談等古代文獻整理而成。思想內容豐富多彩，社會價值博大精深，對古代政治、軍事、經濟、思想和社會風俗多有描述和解讀。其中描寫明朝的文字文章揭露了明朝的統治階級腐敗無能和寵信宦官佛道，表現了馮夢龍憂國憂民的一片丹心。①

《涑水記聞》	宋司馬光所撰，本為接續《資治通鑑》所做筆記，由平日所留心時事逸聞，一一記錄所成。書中記錄了從北宋太祖朝到神宗朝的政事瑣聞，文筆言簡意賅，道聽途說也都註明出處。元祐初修《神宗實錄》，多取此書。
《朝野僉載》	詳本書「犯罪偵查的基本前提——高素質的偵查人員」。

【原文及白話意譯】

目擊證人的可信度

【原文】

（鄧廷楨②）尤精於吏治，有神明稱。其守西安也，有漢中營卒

【白話意譯】

鄧廷楨的行政能力很強，已到了神人的境界。他任職西安時，漢中軍營兵卒坐實饃中下毒殺人的死罪。賣砒霜的、賣饃

鄭魁坐③置砒④饃⑤中殺人論死。賣砒者、賣饃者及鄰婦為之左驗者皆具，獄成。公疑之，乃密呼賣饃者前，曰：「汝賣饃日幾何枚？」曰：「二、三百。」「一人約賣幾何？」曰：「三、四枚。」「然則汝日閱百餘人矣？」曰：「然。」「百餘人形狀、名姓、日月，汝皆識之耶？」曰：「不能。」曰：「然則汝何以獨識鄭魁以某日買汝饃也？」其人愕然⑥。固問之，曰：「我不知也。縣役來告曰：『官訊殺人者，已服矣，惟少一

的和鄰居這些證人都俱在，所以案子很快判好。但鄧公卻有懷疑，私下叫賣饃的販子前來問：「你一天賣多少饃？」販子回答：「二至三百個。」「一個人大概你賣他幾個？」「三至四個。」「那你一天可以賣給上百個人吧？」販子說：「是呀！」「那這一百多人的長相、姓名、來買的時間，你都記得嗎？」販子回答：「不行。」鄧公再問：「那你怎麼就單單能記得鄭魁何時來向你買饃？」販子一聽嚇呆了。經鄧再三詢問，販子才回答：「我實在記不得。是因為縣役來跟我說：『官府訊問一個殺人犯，他已經認罪，只少一個賣饃的當證人，你何不幫忙做證？』」再審訊鄰婦，她也說是縣役指使的；只有賣砒霜的人說他賣砒霜給鄭魁這

賣饃者，爾盍⑦為之證？』」訊鄰婦，言為役所使如前言；惟賣砒者為真。蓋死者嘗與鄭魁有違言⑧，以瘋犬死，其唇青；而魁買砒實以毒鼠也。（《國朝先正事略》）

件事是真的。原來是死者生前和鄭魁吵了一架，後來被瘋狗咬到，得了狂犬病死了，而鄭魁買毒其實只是為了毒老鼠而已。

① 明馮夢龍《智囊全集》，北京，萬卷公司，二〇〇九年，導讀。

② 鄧廷楨字維周，又字嶰筠，晚號妙吉祥室老人、剛木老人。清江蘇江寧人，善詩文，也是著名的書法家、鴉片戰爭名將之一。鄧廷楨於嘉慶六年中進士，選庶吉士，散館授翰林院編修。後歷任浙江寧波、陝西延安、榆林、西安等地知府，湖北按察使、江西布政使、陝西按察使、布政使等職，累官安徽巡撫、兩廣總督、閩浙總督等；鴉片戰爭後遭罷，旋調陝西巡撫。

③ 坐，指犯罪或判罪。《晏子春秋．雜下十》：「王曰：『何坐？』曰：『坐盜。』」

④ 砒，藥石名。「砷」的舊稱。明宋應星《天工開物．燔石》：「砒有紅白兩種，各因所出原石色燒成。」

⑤ 饃，為一種餅類食品。北方地區特指饅頭。賀敬之〈回延安〉詩：「米酒油饃木炭火，團團圍定炕上坐。」

⑥ 愕然，驚訝貌。《史記．黥布列傳》：「楚使者在，方急責英布發兵，舍傳舍。隨何直入，坐楚使者上坐，曰：『九江王已歸漢，楚何以得發兵？』布愕然。」

⑦ 盍，當副詞用，表示反詰，猶言何不。《左傳．成公六年》：「或謂欒武子曰：『聖人與衆同欲，是以濟事。子盍從衆？』」杜預注：「盍，何不也。」

⑧ 違言，指因語言不合而失和。《左傳．隱公十一年》：「鄭息有違言，息侯伐鄭。」杜預注：「以言語相違恨也。」

瘋子口供的可信度

【原文】

罕（宋王罕①）知潭州，州有婦病狂，數詣守訴事，出語無章，郤②之則悖罵，前守屢叱逐。罕至，獨引令前，委曲問之，良久，語漸有次第，蓋本為人妻，無子，夫死妾有子，遂逐而據其貲③，以屢訴不得直，憤恚發狂也。罕為治妾，而反其貲，婦尋愈。（《智囊全集》）

【白話意譯】

宋王罕擔任潭州知州時，州裡有個瘋婆子常常跑到知州這裡來投訴，講話內容沒什麼條理，叱退她就潑婦罵街，之前的知州常常因此驅離她。等到王罕到任後，卻把她叫到跟前，用婉轉不刺激她的方式詢問，問了好久她才慢慢地清楚講出自己的冤屈。原來她本是他人妻子，老公死了卻只有側室有後代，於是小妾便把他這個元配趕走，佔據了老公的家業，因為常常告官卻不得人幫她伸張正義，氣急之下才發了瘋。王罕聽了便治了小妾的罪，把家產還給元配，元配的瘋病也就很快痊癒了。

①王罕字師言，宋朝官員，為王珪叔父。曾擔任宜興知縣、廣東轉運使、潭州知縣等。
②卻，指退卻為使之退卻。《戰國策．秦策一》：「棄甲兵，怒戰慄而卻。天下固量秦力二矣。」
③貲字通資，指貨物、錢財。《史記．司馬相如列傳》：「（司馬相如）以貲為郎，事孝景帝，為武騎常侍，非其好也。」

怕事的目擊證人

【原文】

北宋向（向敏中①）相在西京，有僧暮過村民家求寄止②，主人不許，僧求寢於門外車箱中，許之。夜中有盜入其家，自墻上扶一婦人並囊衣而出。僧適不寐，見之。自念不為主人所納而強求宿，而主人亡其婦及財，明日必執我詣縣矣，

【白話意譯】

北宋宰相向敏中任西京洛陽知府時，有位遊僧傍晚經過一村民家，欲借宿一夜，主人不肯，遊僧請求睡於門外車箱中，主人方勉為同意。半夜來強盜，進了這村民家，翻了牆，抱了一位婦人和一包財物逃了。剛好那遊僧睡不著，看到案發經過。又想到：「今天是主人不肯我借住而我勉強要求借住，主人今天沒了婦人和

因夜亡去。不敢循故道，走荒草中，忽墮眢井③，則婦人已為人所殺，先在其中矣。

明日，主人搜訪亡僧並子婦屍，得之井中，執以詣縣，掠治，僧自誣云：「與子婦奸，誘與俱亡④，恐為人所得，因殺之投井中，暮夜不覺失足，亦墜其中。贓在井傍亡失，不知何人所取。」獄成，詣府，府皆不以為疑，獨敏中以贓不獲疑之。引僧詰問數四，僧服罪，但言：「某前生當負此人死，無可言者。」敏中固問之，僧乃以

財物，明天一定抓我到縣府去抵罪。」因此連夜逃走，還不敢走原來的舊路，故意走在沒路的荒草之中。沒想到忽然掉進枯井，下頭還有那位被強盜殺了的婦人屍體。

隔天主人到處搜訪人影不見了的遊僧和婦人，結果在井裡發現了他們，便抓了遊僧送官去。一陣拷打之後，遊僧被迫認罪說：「我和那婦人通姦，誘騙他出來和我逃亡，但後來我怕被人抓住，就把她殺了投到井中，半夜裡太暗，不小心我也跌了跤，跟著掉入井中。贓物在井口傍邊，大概被什麼人撿走了吧！」遊僧就這麼被判刑。案件送到府衙，府衙也不覺得可疑，但只有向敏中覺得案子破了，但贓物沒被找到，這實在太過奇怪。連續四次提

實對。敏中因密使吏訪其賊。

吏食於村店，店嫗聞其自府中來，不知其吏也，問之曰：「僧某者，其獄如何？」吏紿之曰：「昨日已笞⑤死於市矣。」嫗嘆息曰：「今若獲賊，則何如？」吏曰：「府已誤決此獄矣，雖獲賊，亦不敢問也。」嫗曰：「然則言之無傷矣。婦人者，乃此村少年某甲所殺也。」吏曰：「其人安在？」嫗指示其舍，吏就舍中掩捕，獲之。案問具服，並得其贓。一府咸以為神。（《涑水記聞》）

調遊僧來詰問，他都服罪，還說：「我上輩子欠這主人一條命，現在實在沒什麼話好說。」向敏中一再審問，遊僧方才說出實情。於是向敏中便派了小吏到處去找那強盜。

小吏這時在村店吃飯，店老闆娘聽到他是從洛陽來，但不知道他是來調查強盜下落的，便問他：「那位遊僧的官司後來如何？」小吏誆她說：「昨天在市集上被活活打死了。」老闆娘嘆息著回答：「現在若真抓了兇手又當如何？」小吏回道：「官府已誤判這官司，就算抓到真兇也不會把他怎樣。」老闆娘答道：「這樣的話我說出來也沒什麼關係了。那位婦人是被本村少年某甲所殺的。」小吏進一步問：「這人在哪？」老闆娘便把他住的地方給指出來，小吏就到那埋伏，也順利抓到兇手。問了案之後，那少年也服罪，還起出贓物。因為這樣曲折地破了案，整個官府上下都認為向敏中有斷案的天才。

① 向敏中字常之，宋開封人。歷官工部郎中等，真宗朝拜右僕射。宋真宗咸平四年，拜同平章事；咸平五年，因清廉不結黨而拜相。後因晚節不保，貶戶部侍郎，出知永興軍，天禧三年卒，廢朝三日，贈太尉、中書令，謚號文簡。

② 寄止，指寄住、寄居。《周禮・地官・遺人》「野鄙之委積，以待羈旅」漢鄭玄注：「羈旅，過行寄止者。」

③ 眢井，指廢井或無水的井。《左傳・宣公十二年》：「目於眢井而拯之。」陸德明釋文：「廢井也。《字林》云：『井無水也。』」

④ 亡，指逃跑、出逃。《墨子・七患》：「民見凶饑則亡，此皆備不具之罪也。」

⑤ 笞，為古代的一種刑罰。用荊條或竹板敲打臀、腿或背。《漢書・刑法志》：「當笞者笞臀。」

兇手就在圍觀人群中

【原文】

貞觀中，衛州板橋店主張迪妻歸寧。有衛州三衛楊貞等三人投

【白話意譯】

唐貞觀年間，衛州板橋店主張迪妻歸寧。衛州軍士楊貞等三人在此店投宿，五

店宿，五更早發。夜有人取三衛刀殺張迪，其刀卻內鞘中，貞等不知之。至明，店人趨貞等，拔刀血狼藉①，囚禁拷訊②，貞等苦毒，遂自誣③。上疑之，差御史蔣恒④復推。至，總追店人十五以上集，為人不足，且散，惟留一老婆，年八十已上。晚放出，令獄典密覘⑤之，曰：「婆出，當有一人與婆語者，即記取姓名，勿令漏泄。」果有一人共語者，即記之。明日復爾。其人又問婆：「使人作何推勘？」如是者二日，並是此人。恆總追集

更時早早便離開。不料半夜裡有人拿三名軍士的刀殺了張迪，再把刀插回刀鞘，軍士們都沒察覺。到了白天，店裡的人追到楊貞等人，拿出他們配刀，發現上面沾滿了鮮血，就把它們送官。因為禁不起拷打，三人就認了罪。但皇帝覺得可疑，令御史蔣恒再進一步查明。莊恒一到，就集合案發時在場的人，大概有十五個人。但由於有些人沒來，於是莊恒先放了這些人，不過故意留下一名八十幾歲的老婆婆，到晚上才放她走，並叫獄典監視說：「老婆婆出去時，會有人跟老婆婆講話，要馬上記下他的姓名，不要走漏了消息。」果然當晚就有人向老婆婆攀談，獄典也記下了他的名字。明日再集合又再解散大家。那個被記下名字的人又來問晚歸

⑥男女三百餘人，就中喚與老婆語者一人出，餘並放散。問之具伏⑦，云與迪妻奸殺有實。（《朝野僉載》）

的老婆婆：「官員怎麼調查案件呀？」這樣進行了二次，都是同個人來刺探案情。莊恒再次集合附近所有的男男女女三百餘人，從其中挑出那位向老婆婆攀談的人，其他的都讓他們離開。仔細盤問他，終於問出來：由於他和張迪之妻有染，所以殺了張迪。

①狼藉，本指狼棲處野草散亂貌，後引伸指多而散亂堆積。唐陳子昂〈上西蕃邊州安危事〉：「屯田廣遠，倉蓄狼籍，一虜為盜，恐成大憂。」
②拷訊，指刑訊。唐李冗《獨異志．卷中》：「王充《論衡》云，漢李子長為政，欲知囚情，以桐木刻為囚象，鑿地為坎，致木人拷訊之。」
③自誣，指自行承認妄加於己的不實指控。《後漢書．皇后紀上．和熹鄧皇后》：「有囚實不殺人而被考自誣。」
④蔣恒唐貞觀年間任御史，擅治獄，餘生平不詳。
⑤覘，指窺視、偵察。《左傳．成公十七年》：「公使覘之，信。」杜預注：「覘，伺也。」
⑥追集，指召集、徵募。唐劉肅《大唐新語．厘革》：「士人團練，春夏放歸，秋冬追集。」
⑦伏通服，原指承受、承當。《詩經．小雅．雨無正》：「捨彼有罪，既伏其辜。」在此指承認罪行。

【犯罪偵查原理簡析】

人證分為在場目擊、場外目擊或路過目擊、預知犯罪者、聞知犯罪者、犯罪鑑定者、秘密證人等。①人證的查訪，其目的在找尋人證、發掘破案線索；蒐集案發前後，為人所發覺之種種異常情況及有關本案發生經過的事證。查訪之對象主要還是以人為主，包括被害人之親屬、鄰居、現場附近之攤販、和目睹或知情之證人等等，從這些人之訪問，取得旁言參證，確定嫌疑人，從而得到破案的線索。任何資料、線索或情報有時值得查訪，甚或可能成為偵查之方向，而大部分之偵查活動都是與人談話和蒐集紀錄資料有關。查訪目的期在與人談天之情狀下取得線索。②

一般而言，與被害的時間及地點愈接近的場所與活動狀態的資訊，愈容易發現被害人的生活型態及交往情況，且與案件的關係也愈深；刑案現場任何看到、聽到、聞到、感覺到、知道刑案發生的人，都是查訪的對象。③一般使用公開訪查：詢問主體以偵查人員的身分，直接地、公開地就與案件有關的事實和情節詢問被詢問對象。公開調查的特點是公開偵查人員身分和詢問意圖。公開詢問的對象多為被害人和與犯罪嫌疑人沒有密切關係的人。④

人證查訪的要領如下⑤：現場訪問要爭取時效，凡能把握時效，因記憶新穎，所得即為偵破刑案之基礎；訪問現場鄰居必須注意禮貌、態度和談話技術；訪問時對自己身分，應適時採用秘密或公開的方法，俾能獲得資料之真實性；訪問時應有耐心、有毅力，決不因一時無效果而放棄，在方法上宜採取個別訪問之方式；不得有先入為主的觀念，以致影響偵查方向，或遺漏有關徵侯資料。

一、選文之一分析

本單元選文之一指出，在一個證據看似確鑿的案子裡，人證的口供詳細地異乎尋常，其中可能就有冤屈存在。人的記憶有限，所以日常生活中的各種瑣事，依其重要性，在腦海中停留的時間長短不一。如果人證的口供異常地詳細，就要懷疑其中可能有誤。這是古代中國犯罪偵查人員在運用人證口供時於不疑處疑之的原則。人證在今日被劃歸為「意識形態」的證據，因證人能以其知覺、記憶、情感、想像力等本能表達於犯罪的事實行為或部分情節上，故常產生立場、成見、偏見、附會、想像加減程度等之可能性於證述上。是以對其證據力的可信度，應加以判斷認定，其證也屬於「傳聞證據」。我國《刑事訴訟法》第一五九、一六零條規定：「證人於審判外之陳述，除法律有規定者外，不得作為證據。」及「證人之個人意見或推測之詞，不得作為證據。」⑥

判斷目擊者證詞的時候，偵訊者須特別留意，因為事實上這類指證錯誤率非常高，甚至同時有許多的證人作證確認同樣一件事情。實際上，在各種造成冤案的因素中，不實的指證是排名第一位的原因，其中對於犯罪偵訊者最為要緊的是以下這幾項危險訊號：證人在作證之前即聲明未必能認出犯人；證人在案件發生之前就已認識犯罪嫌疑人，卻在警方偵訊之初並未舉發他；證人在最初所描述的犯人形象，跟犯罪嫌疑人實際的形象差距過大；在指認目前的犯罪嫌疑人之前，目擊者已經指認過其他的犯罪嫌疑人；其他的目擊者經過指認，已排除目前的犯罪嫌疑人的涉案可能；在犯罪發生之前，目擊者不太有機會看過犯罪嫌疑人；目擊證人與犯罪嫌疑人分屬兩個不同的族群；當目擊者剛開始觀察犯罪嫌疑人的時候，並未注意到犯罪案件已經發生；目擊者看到歹徒的時間，距離指認犯罪嫌疑人的時間過久；歹徒有一大群人；證人不能「肯定」他的指認。⑦

二、選文之二分析

本單元選文之二指出，在一個看似瘋癲的人所講出的瘋話裡，可能也保有若干事實的存在。如果因為人證的瘋癲，以人廢言，有了先入為主的主觀看法，極可能因此錯失了重要的線索，或者造成司法的冤情。這是古代中國犯罪偵查人員在運用人證口供時於疑處不疑之的原則。

三、選文之三分析

本單元選文之三指出，並非所有知情者都願意擔任人證。在擔心惹禍上身的情況之下，這些知情者可能隱沒在人群中或是鄰里裡，古代中國犯罪偵查人員已經懂得，有時必須用佯、誆、套、騙的方式才能獲得人證吐實。一般的家戶訪查往往也能有意想不到的收獲。⑧證人在刑事案件之訴追上，扮演重要且極為關鍵之角色，英美法諺有云：「沒有證人就沒有正義（If there is no witness without justice.）」，足見證人上法庭「作證」陳述其所見、所聞，乃協助法院做出正確裁判，實現社會正義之表現。然而，大多數證人往往有不願得罪刑案當事人之心理障礙，擔憂渠等若在法庭作證後，是否將遭遇被告之清算及報復，故縱使知悉事實真相，亦不願開誠佈公，唯恐自己成為無辜的被犧牲者，如此自然影響刑事訴訟發現真實之目的。⑨

今日的犯罪現場訪查，也強調訪問工作宜有技巧，並應秘密進行，以免被訪問者有所顧忌，而不願提供情報。⑩這屬於秘密訪查的範圍：偵查人員在不暴露身分和偵查意圖的情況下所進行的調查方式。是針對詢問對象和詢問內容的特殊性而採取的一種調查方式。秘密調查的對象為犯罪嫌疑人和與犯罪嫌疑人關係比較密切的人。秘密調查的方法有兩種：一種是偵查人員以其他身分，其他名義作掩護，直接與被詢問對象接觸，進行有目的、有策略的談話和發問，了解所要調查的問題；一種是由偵查人員挑選某個具有接近詢問對象的條件而且安全可靠、能保守偵查秘密的人同被詢問人接觸，了解所要調查的問題。⑪

四、選文之四分析

本單元選文之四指出，犯罪嫌疑人為了刺探犯罪偵查人員的偵查進度及內容，有可能會重返現場，混在圍觀人群之中。古代中國犯罪偵查人員已經清楚知道嫌疑人的行為模式，並設計將之引出逮捕。

① 蕭季惠《犯罪偵查與蒐集證據》（桃園：中央警官學校出版社，一九九三年），頁五五至五七。
② 林吉鶴《犯罪偵查理論》（桃園：中央警察大學，一九九八年十月），頁八七至八九。
③ 林燦璋、林信雄《偵查管理——以重大刑案為例》（臺北：五南圖書，二〇〇九年一月二版一刷），頁九五。
④ 趙永琛等人編著《刑事偵查學案例教程》（北京：法律出版社，一九九六年十二月），頁一三九。
⑤ 王乾榮《犯罪偵查》（臺北：臺灣警察專科學校，二〇〇四年修訂三版六刷），頁三六至三七。
⑥ 蕭季惠《犯罪偵查與蒐集證據》（桃園：中央警官學校出版社，一九九三年），頁五五至五七。
⑦ （美）佛瑞德·英鮑等人著、高忠義譯《刑事偵訊與自白》（臺北：商周文化，二〇〇〇年），頁四八至四九。
⑧ 蔡庭榕〈論家戶訪查——「訪」或「查」〉，《中央警察大學學報》四五期，二〇〇八年七月，頁一七至三六。
⑨ 王鑫健《我國證人保護法律制度之研究》，基隆：國立臺灣海洋大學海洋法律研究所碩士論文，二〇〇八年。
⑩ 鄭厚堃《犯罪偵查學》（桃園：中央警官學校出版社，二〇〇一年修正版），頁一二八。
⑪ 趙永琛等人編著《刑事偵查學案例教程》（北京：法律出版社，一九九六年十二月），頁一三九。

廷瑤留心年月日 ⊕ 時間重建

【案例出處】

本案選自清高廷瑤《宦遊紀略》。本書為作者歷任各地官員所見所聞的心得。全書主旨在強調治國之要無他，惟有將百姓放在心上。所以作者所到之處興教化，與民同甘共苦。本案承辦人高廷瑤字青書，又字雪廬，清朝貴州貴筑縣人。清乾隆五十一年舉人。嘉慶五年，貴州廣順州青苗造反，高廷瑤隨同官軍鎮壓有功，賞六品頂戴，並以大挑一等通判用。嘉慶七年後開始歷任各地通判、同知、知府。為官辦事認真，判案公正，頗有政聲。但他卻十分低調地說：「辦事誰能無過，然決不可諱過；如有誤即為更正，自不致別生枝節；倘飾這文非，使人民含冤終身莫白，自問此心何呼？」

【原文及白話意譯】

【原文】

嘉慶十二年，霍邱縣令以民婦范顧氏商同姦夫楊三等，謀死親夫范壽子，燒屍滅跡。事上諸西司，證以血衣、殘骨、兇器。既成讞①矣，廉使夏邑李書年先生慮其冤也，檄②余與某令研訊，供相符。

廉使隔屏諦聽③曰：「獄其情乎？」某令曰：「供甚堅，衣、骨、兇器固在，烏得不情？」余曰：「未也。」廉使曰：「何言

【白話意譯】

清嘉慶十二年，霍邱縣令因民婦范顧氏和姦夫楊三商量謀殺親夫范壽子，還燒屍滅跡，便將此案上呈諸西司，並佐以血衣、殘骨、兇器。這案子定讞後，廉使夏邑李書年先生懷疑其中有冤情，於是下令我和縣令再深入研訊，結果取得的口供仍與證據相符。

廉使隔著屏幕仔細聽後說：「這案子判得合乎實情吧？」縣令說：「口供正確，血衣、殘骨和兇器都在，怎會不符合實情？」我說：「未必。」廉使問：「你為何這麼說？」我說「范壽子入贅岳家，

之？」余曰：「范壽子贅④於岳，岳故村居。正月十三夜偕妻弟入城觀燈，燈散回村。間雖無刻漏，應直二更際矣；又他往六博而返，是三更矣。返後范顧氏與楊三及母弟等始械殺之，則是四更也；又支解而烹之，爇⑤其肉、灰其骨，然後棄埋諸地，四更達曙，為時幾何？何從容若是？此不確之大端也。況村中前後左右各有比鄰，死者被毆，豈無聲息？焚骨臭味豈無腥聞？此理之易明而勢所必無者也！烏乎情？」廉使曰：「然！」明日且細

岳父已死他還住在岳家。正月十三日晚上和老婆小舅子一起進縣城看花燈，看完回村裡。雖然沒有計時裝置佐證，但算算應該是二更。死者又去賭了六圈才回家，差不多是三更。回到家被范顧氏、楊三和小舅子殺害，那是四更。還要支解屍首再加以烹屍，將肉打成肉醬、把骨頭挫成灰，然後再埋起來，早就天亮了。要趁黑夜掩護犯行根本無法如此從容？這是本案最大的疑點。而且村中前後左右都有鄰居，死者被毆，怎會一點尖叫聲都沒聽到？燒屍骨的味道一點也沒聞到？其中道理太明顯，人必不是他們殺的！怎會說審判符合實情呢？」廉使說：「你說得對！」明日再仔細問過人犯一遍，隔日再問，縣令就託病不出席了。

鞫之，次日復訊，某令稱病不至。

壽子之父，訟主也。余先令至前曰：「汝子婦罪擬大辟⑥，楊三棄市⑦，婦之弟及顧工三人皆擬絞戮⑧，冤乎不冤？」父曰：「無冤。」余曰：「於法，誣人者坐以所誣之罪，若子婦等正法後，或汝子復出，則五人之命應坐汝償，汝敢署諾乎？」父曰：「始我以子不歸，故訟；訟而得因姦謀死之情，則長官所聽⑨也，我何與焉？」

余沉吟久之，因株連五命，哀矜⑩之心不覺見於顏色。范顧氏及

范壽子的父親是原告。我讓他到跟前，對他說：「你媳婦的罪要判死刑，楊三也是，媳婦弟弟等相關三人都要判絞刑，你覺得他們是冤枉的嗎？」范父說：「一點也不冤。」我說：「法律規定，濫告別人的被發現是濫告，要被判處和被濫告者一樣的罪責，如果你媳婦等人伏法之後，你兒子又出現，這五條人命該你還，你敢簽名同意嗎？」范父說：「一開始我因為兒子不見了才興訟；官司一審才知道是媳婦因通姦而謀殺我兒，這是長官聽訟判出來的結果，和我有何關係？」

我想了好久，因為本案牽連五條人命，於是哀傷同情之心不免流露在臉上。范顧氏及她弟顧三麻子突然大呼冤枉。我問：「你們哪裡有冤？今天叫范壽子死而

其弟顧三麻子忽呼冤。余曰：「是何冤哉？使壽子而生也，冤固可伸；即壽子死而存其全屍，猶云可伸也。今既未有屍，汝曹又未聞他說，渺無端倪，誰為汝雪冤者？」顧三麻子曰：「冤實甚，里胥⑪知之，請訊里胥。」余曰：「里胥昨既訊矣，果有冤，胡不聞？」曰：「吾儕之被逮也，隸役諄⑫謂：『法司決獄，敢有辯者，法當髕⑬。』此里胥所以不言耳。」

即質里胥，里胥曰：「壽子之父四月初來縣伸訴，役卒李遙與小

復活，你們的冤屈才能伸張；就算他死了也要有全屍，才有可能伸冤。今天看不到全屍，你們又不知道他到底去哪裡，誰能為你們洗雪冤情？」顧三麻子說：「實在冤枉透了，里長他知情，可以訊問他。」我回：「里長我昨天已問過，如果有冤我怎會不知道？」麻子說：「我們被抓捕時，隸役一直告誡我們：『法庭審判，如果敢狡辯，就要處以臏刑。』這是里長不敢吐實的原因。」

我接著傳喚並質問里長，里長說：「范父四月初來縣裡告官，役卒李遙與小人確實有到地方上去訪查追緝。」我說：「那訪查的結果如何？」里長神情十分驚懼，欲言又止，加以掌刑後才說：「我吐實就是，五月上旬，小人和李遙到范壽子

人實充訪緝。」余曰：「訪之何如？」里胥神色驚懼，囁嚅⑭而不敢言，掌責之乃曰：「小人吐實，五月初旬間，小人同李遙訪至壽子姨父陳大鳳家。大鳳外出，其妻指東廂云：『此壽子正月十五來賀年宿處也，迨⑮十六早餐始去。』余曰：『如汝言，曾白⑯官乎？』曰：『未見官，何自而白？』」但不知李遙能白否？也因按李遙。

遙初亦囁嚅，里胥曰：「我已吐矣。」遙乃供如里胥言，且曰：「是獄也，縣尉實主之比。小人訪

姨父陳大鳳家，陳大鳳剛好外出，陳妻指著東廂說：『范壽子正月十五來拜年就住這兒，到年十六吃完早餐才離開。』我問她：『這番話你跟官府說過嗎？』她回：『從沒看到差官，要向誰說呀？』」但就不知道李遙的說法是否與此相同？於是傳喚李遙。

李遙一到也是欲言又止，里長一說：「我已說出實情」，李遙才說出和里長前述一模一樣的話。並補充道：「這案子實在是縣尉主導。小人查訪回來，縣尉已施刑並判決確定，小人實在不敢跟主管回報查訪內容，也不敢問後續如何。」於是我又再問楊三。楊三說：「小人真的沒殺范壽子。」一開始范婦和楊三都不承認，縣尉才用大刑恐嚇，他們才承認縣尉的問罪

回，則尉已鍛鍊成獄，小人固不敢言宰官，亦不問也。」於是復按楊三，楊三曰：「小人固未殺范壽子也。」初婦與楊三俱不承，尉刑脅之恐，乃皆承尉則。急索屍，屍固無有，詐指三、四處既皆不驗，復峻刑脅之。楊三等不堪其苦，乃塗豬血為血衣，取廚下刀為兇器，掘無主殘骸為燬骨，遂誣服。具獄顧氏，一如楊三言狀。

余思：壽子既十五尚在，則十三之未死可知。逑諸廉使，請以五人頌繫⑰俟，逮大鳳及尋壽子蹤

內容。因為急著找屍首，可人沒死當然沒屍體，於是隨便指了三處，當然都挖不到。縣尉又施加大刑，楊三等人實在堪不住，於是把豬血塗在衣服上充當血衣，再把廚房裡的廚刀拿來充當兇器，再去挖無主孤墳的殘骨當焚屍殘骸，接著認下自己沒做過的罪行。再問范婦，也問出和楊三所言一樣的話來。

我推測：既然年十五范壽子還活著，則年十三他一定還沒死。於是我向廉使報告，先將獄中五人的銬桎去掉，再去追蹤陳大鳳和范壽子的下落。此時是嘉慶十二年十月。到了隔年十二月，范壽子自河南回來，這五個人的冤情才得到洗雪。

跡，時嘉慶十二年十月也。十三年十二月，范壽子自河南回而五人之奇冤始雪。

---

① 讞，指議罪、判定。《漢書．景帝紀》：「諸獄疑，若雖文致於法而於人心不厭者，輒讞之。」顏師古注：「讞，平議也。」

② 檄在此做動詞用，指用檄文徵召、曉喻。《晉書．王雅傳》：「少知名，州檄主簿。」

③ 諦聽，即注意地聽，仔細聽。唐白居易《霓裳羽衣歌》：「當時乍見驚心目，凝視諦聽殊未足。」

④ 贅於此指入贅；贅也可指招贅。元張憲《橘洲行》：「母有女，贅狼婿，不識孝義惟務利，日思剝取生家貲。」

⑤ 臡泛指肉醬。《儀禮．公食大夫禮》：「昌本南，麋臡。」鄭玄注：「三臡亦醢也。鄭司農曰：……或曰麋臡，醬也。有骨為臡，無骨為醢。」

⑥ 大辟，古代五刑之一，謂死刑。《尚書．呂刑》：「大辟疑赦，其罰千鍰。」孔傳：「死刑也。」孔穎達疏：「《釋詁》云：辟，罪也。死是罪之大者，故謂死刑為大辟。」

⑦ 棄市，本指受刑罰的人皆在街頭示眾，民眾共同鄙棄之，後專指死刑。《漢書．景帝紀》：「（中元）二年春二月……改磔曰棄市，勿復磔。」顏師古注：「磔，謂張其尸也。棄市，殺之於市也。」

⑧ 絞，舊時死刑的一種，即縊死、勒死。《左傳．哀公二年》：「若其有罪，絞縊以戮。」

⑨ 聽，在此指審察、斷決、治理。《周禮．秋官．小司寇》：「以五聲聽獄訟，求民情：一曰辭聽，二曰色聽，三曰氣聽，四曰耳聽，五曰目聽。」

⑩ 哀矜，指哀憐、憐憫。《尚書．呂刑》：「皇帝哀矜庶戮之不辜。」

⑪ 里胥，即里長。《漢書．食貨志上》：「春，將出民，里胥平旦坐於右塾，鄰長坐於左塾，畢出然後歸，夕亦如之。」顏師古注引孟康曰：「里胥，如今里吏也。」

⑫ 諄，指不斷告誨。《說文・言部》：「諄，告曉之孰也。」

⑬ 髕，為古代一種剔去膝蓋骨的酷刑。《周禮・秋官・司刑》：「刖罪五百」，清孫詒讓正義：「蓋髕、剕、刖，通言之皆為足刑，故古書咸不甚析別。」

⑭ 囁嚅，欲言又止貌。唐韓愈〈送李愿歸盤谷序〉：「伺候於公卿之門，奔走於形勢之途，足將進而趑趄，口將言而囁嚅。」

⑮ 迨為副詞，指將近、差不多。宋曾鞏〈代上蔣密學書〉：「奉老母而寓食於人者，迨十年矣。」

⑯ 白，指稟報、陳述。《史記・淮南衡山列傳》：「厲王母弟趙兼因辟陽侯言呂后，呂后妒，弗肯白，辟陽侯不彊爭。」

⑰ 頌繫，為有罪入獄，但寬容而不加刑具。頌，古「容」字。《漢書・惠帝紀》：「爵五大夫、吏六百石以上及宦皇帝而知名者，有罪當盜械者，皆頌繫。」顏師古注：「古者頌與容同。」

【犯罪偵查原理簡析】

這件案子情由看起來相當複雜。官吏因入為主的心態，在「重刑嚴訊」下取得口供，於是對於口供中極為明顯的破綻全然不理。而且書吏衙役妄自行事，致使犯罪嫌疑人無一敢翻供者。但案呈按察司大人李書年，李氏則以「犯供皆順口而出，若熟誦者」，不能不疑，於是委託高廷瑤與另一縣令重審。重閱犯供後，該縣令說：「供甚結實，案不錯。」高氏卻說：「偽也。」二人判斷，竟是天壤之別。若依前者，眾犯將死；若依後者，則可獲生。後經高氏仔細推勘，眾犯遂獲平反。今觀高氏所用以翻案的證據，並非新證，竟然只是極為平常的知識。煮肉成汁，非短時可為；燒骨成灰，必傳異味；群毆致死，鄰人必聞異聲。單憑如此三點，即讓犯者死裡逃生。在古代，刑訊是被認可的辦案手段，但因刑訊過當，竟成冤獄者屢見不鮮，此往往是執法者胸中先有成見所致。本案關鍵即在縣令早有成見，不僅忽略案情矛盾處，甚至當有利被告之證據出現時，亦不予採納而致成冤獄。高太守則僅憑生活常識，即斷定口供並非實情。同一案情，竟因執法者的細心與否，而有如此差異。受冤者一則以死，一則以生。人命關天，執法者焉能不慎？①

本冤案最大的破綻在於時間上之不可為。所幸本案承辦人高廷瑤仔細推敲，救了一干嫌犯之性命。犯罪過程在時間中發展，因此犯罪偵查工作的各種跡象，均須探悉其與時間的關係，始能對犯罪情況正確推理。②「時間就是證人」，狡猾的犯人每每利用「時間的反證」以卸脫罪嫌，故偵查犯罪時對於犯罪時間之確定以及涉嫌人在犯罪時間內「行蹤之查證」，極為重要。偵查人員並須防止證人之錯覺，串供使偵查線索中斷，犯人逍遙法外。③反之，時間除了可以證成犯罪嫌疑人的罪行，也可以排除冤枉者的涉案可能。進行犯罪現場的時間重建，可以取得最接近事實的案發經過。

在偵查活動上，欲追跡犯人，首應明確推定犯人行動時間，始能掌握其動態，而收到追跡效果；否則可能徒勞無功，造成人力的浪費，更不符合所謂偵查時間經濟效益原則。今日犯罪偵查歸納出對於相關之時日之決定要素有④：

一、日期之決定

某某案件於何年何月何日何時發生，通常的情形，都是依循人類在社會生活中的記憶，因而其間雜有很多錯誤。最好參考日曆、日記、簿冊文書、社會發生的顯著事項（例如民俗上的重要節日、國定假日、重大社會事故等等）、當日氣象等。

二、時間之決定

時間推定，較日期決定，更為困難。一般人，在日常生活習慣上，一日三餐，只能就大概情形說出時間，初步犯罪偵查時，能獲知這種程度的記憶，亦可滿足。惟獨對於命案、性侵案、縱火案等犯罪，因與時間具有極微妙的關係，故須確定正確時刻，此時最好能經實驗或科學鑑定。

對於一般命案，被害人被害前的行動狀況，係推定犯罪行動時間關係的重要資料，偵查上絲毫都不能忽略，否則差之毫釐，謬以千里。推定被害人被害前之行動資料，可循下列原則進行：

（一）用餐時間：從用餐狀況推定，如胃內容物、餐具狀況等。其消化情形只供參考之用，因為食物在人體內之消化情形，常常因人而異，各人之體質均不相同。

（二）廣播電視節目時間：如收音機、電視機正播放中，可依節目時間推定。

（三）公共運輸時間：依據公共運輸工具之時間推定，如火車、電車、公共汽車等等。

（四）定時配送貨物時間：利用送報、乳品或其他定時配送貨物之時間推定。

（五）例行活動時間：利用例行生活中之活動時間推定，如習慣晨跑、習慣取信、上或下班打卡、門禁進出電子感應等等。

（六）現場損壞的計時設備：如打鬥中損毀的手錶、爆炸後停止的掛鐘等。

① 曾榮汾〈推理小說在警察通識教育中的運用模式析介〉，《第一屆通識教育與警察學術研討會》，桃園：中央警察大學通識教育中心，二〇〇五年十一月二十二日。

② 林吉鶴《犯罪偵查理論》（桃園：中央警察大學出版社，一九九八年），頁四二七。

③ 王乾榮《犯罪偵查》（臺北：臺灣警察專科學校出版社，二〇〇四年修訂三版六刷），頁一〇五。

④ 林吉鶴《犯罪偵查理論》（桃園：中央警察大學出版社，一九九八年），頁四二九至四三一。

【古代其他相關案例選摘】

出處	《宋史．范純仁傳》
原文	録事參軍宋儋年暴死，純仁使子弟視喪。小殮①，口鼻血出，純仁疑其非命。按得其妾與小吏奸，因會，寘毒鱉肉中。純仁問食肉在第幾巡，曰：「豈有既中毒而尚能終席者乎？」再訊之，則儋年素不食鱉，其曰毒鱉肉者，蓋妾與吏欲為變獄②張本③，以逃死爾。實儋年醉歸，毒於酒而殺之。遂正其罪。
白話意譯	録事參軍儋年突然暴斃，范純仁讓心腹前去弔唁順便幫忙。小殮時發現死者口鼻流血，范純仁懷疑他是死於非命。調查後發現死者小妾和小吏通奸，藉由宴會的機會，在鱉肉中下毒。范純仁問鱉肉是第幾道上的菜，發現其中有疑：「哪有中毒之後還能撐到宴會結束的？」再調查後，知道儋年吃素，根本不吃鱉，小妾和小吏說下毒在鱉肉裡，是為了給自己以後翻供留下伏筆，想藉此逃離死罪。實情是儋年喝醉後回到家，小妾在酒中下毒毒殺他。這才搞清楚小妾和小吏的罪行並判刑確定。

注釋

①小殮，舊時喪禮之一，給死者沐浴，穿衣、覆衾等。《儀禮・既夕禮》：「小斂辟奠不出室。」

②變獄，指改變獄詞、翻案。

③張本，指作為伏筆而預先說在前面的話或預做的安排。《左傳・隱公五年》「曲沃莊伯以鄭人、邢人伐翼，王使尹氏、武氏助之。翼侯奔隨」晉杜預注：「晉內相攻伐……傳具其事，為後晉事張本。」

許進模擬明冤情——空間重建

【案例出處】

本案選自明馮夢龍《智囊全集》，書詳本書「現場調查——證人訪查」。

【原文及白話意譯】

【原文】

單縣有田作者，其婦餉①之，食畢死。翁故曰：「婦意也。」陳於官，不勝捶楚②，遂誣服。自是天

【白話意譯】

單縣有耕農，他老婆帶吃的給他，吃完農夫就死了。公公說：「肯定是媳婦毒死的。」於是報告官府，老婆受不了苦刑，就亂招一通。從那天之後天就不降

久不雨。許襄毅公時官山東，曰：「獄其有冤乎？」巧親歷其地，出獄囚遍審之。至餉婦，乃曰：「夫婦相過③，人之至願；鴆殺④人，計之至密者也，焉有自餉於田而鴆之哉？」遂詢其所饋飲食、所經道路，婦曰：「魚湯米飯，度自荊林，無他異也。」公乃買魚作飯，投荊花於中試之，狗彘無不死者，婦冤遂白，即日大雨如注。

雨。許襄毅公（許進）當時在山東任官，他說：「此間是否有冤獄呢？」剛巧經過單縣，把所有牢中囚犯全叫出來審訊一遍，問到這位婦人時說：「夫婦相處到老，這是一般人的願望；要毒殺另一半，也要計劃得十分縝密才行，哪有自己拿有毒食物去田裡毒死農夫老公的道理？」於是問清楚婦人準備了哪些食物、經過哪些地方，婦人回道：「我準備了魚湯和米飯，打荊林經過，並無異狀。」許公於是也買了魚做了飯，並將荊花放進去，再把這些食物給狗和豬吃，結果牠們都被毒死了，這下搞清楚婦人的冤屈，當天馬上就下了傾盆大雨。

①餉，指饋食於人。《孟子・滕文公下》：「有童子以黍肉餉，殺而奪之。」
②捶楚，指杖擊、鞭打。北齊顏之推《顏氏家訓・涉務》：「纖微過失，又惜行捶楚；所以處於清高，益護其短也。」
③相過，指互相往來。《商君書・兵守》：「故曰慎使三軍無相過，此盛力之道。」
④鴆殺，指用鴆酒毒殺。《漢書・王莽傳下》：「又聞漢兵言，莽鴆殺孝平帝。」

【犯罪偵查原理簡析】

刑案現場重建、模擬的用意是將現場跡證、分析結果、偵查所得與其他資料進行可能的組合推理，以分析研判案發經過。案發經過如實地還原，便可清楚釐清相關人等的責任。本冤案係承辦人許進在仔細詢問犯罪嫌疑人案發當天的所有細節後，如實地重新模擬現場，於是得出荊花意外落下食盒，毒化了犯婦準備送給丈夫的食物的這一個事實，因而還給了犯婦清白。

現場重建係一門具有高度學術性及技術性的學問，係以刑案現場與犯罪有關連之人、時、地、事、物等為基礎，將現場遺留跡證與各項情況資料予以組合重建。並運用邏輯思維法則與科學推理方法及科學鑑識技術等作綜合研究分析或試驗求證，藉以推測或判斷犯罪發生過程。不僅可以推斷犯罪方法及動機，亦可確定偵查方向與發掘偵查線索，因此現場重建為犯罪偵查之重要環節。①

一、犯罪現場的分類

犯罪偵查人員必須先釐清所處理的是何種現場，在進行現場模擬或重建時才能得到精準、符合犯罪過程的結果。實務上的犯罪現場可分為：②

（一）第一現場、第二現場

第一現場通常指最初或第一個犯罪行為發生的地點，其他的地點則都歸類於第二現場。實務上多將犯罪的實際作為處所，如殺人處、車禍肇事處等，視為第一現場。

（二）室內現場、室外現場

現場在室內即為室內現場，例如：房間內、旅館內、別墅內、電梯內等均屬之。現場在室外即為室外現場，例如：屋外、野外、河岸邊、溝渠旁、涵洞內、河內、海內均屬之。

（三）單一現場、多重現場

現場只有一個，很單純，例如一個殺人案，臨時起意，酒後在路邊攤殺人，隨即自首報案。多重現場則如前述案例，但相牽連的現場有好幾個。

為了完整保留現場或將來如實再現現場，必須進行現場測繪。現場測繪可以顯示現場各項主體的相互關係及彼此位置。其乃現場之粗略描繪，於返回辦公室後，必須立即製作更為完備的現場圖。有關的基本原則，包括③：

1所有測繪工作必須在進行任何證物蒐集之前。

2測繪的順序，首先是測繪所在位置，其次是現場全面景象，最後是現場主要跡證的相關位置紀錄。

3現場有數個不同地方時，均應分別測繪，並在母圖中標示關係位置。

4進行測繪時，要避免移動現場任何物品。

5現場物體位置圖示，至少必須包含從兩個點所作的測量值。

6附加足以辨識現場中物體或物品的說明。

7現場圖繪妥後，應註明案類、案號、發生時間、所用的比例、方向、測繪人姓名及測繪時間等。

8現場測繪和現場筆記資料，在離開現場前應詳細核對，如發現有不符者應立即更正。離開現場後，兩者絕不可再修改，並且永久保留。

二、實施現場重建（模擬）的過程

現場重建（模擬）的步驟有④：

（一）資訊及證據蒐集

任何刑事案件之處理，皆以蒐證為首要重點，足夠之證據方能正確地進行現場重建。所有從現場或被害人取得的資訊，舉凡證物之狀況、明顯的圖紋與壓印痕跡、被害人之狀況等，均應加以檢討並組織起來。在辨識某物是否需要加以採證時，有下列原則可供遵循⑤：

1因犯罪所用之物：如兇器、工具、車輛。
2因犯罪所生之物：指紋、足跡、胎痕。
3因犯罪所得之物：損失之財物。
4因犯罪所變之物：陳設被搬動。
5因犯罪所毀損之物：被破壞之門窗。
6因犯罪所藏匿或湮沒之物：犯罪衣物、工具。
7因犯罪所遺留或遺棄之物：包裝紙、贓物。

(二) 案情研判和臆測

整合現場證據資料及蒐集所得之情況資料，做出概略之案情研判和推測，但最好避免成為該階段之唯一解釋，因可能尚有別種合理之解釋存在。

(三) 形成假設

根據物證之檢驗與不停之蒐證得以進一步蒐集資料，現場檢驗包含血跡與各種印痕，射槍殘跡之痕跡，指紋證物之解釋，以及微細證物之分析，此一步驟導致成一個事件發生過程可能之合理猜測，即所謂的假設。

（四）進行驗證

假設一經形成，必須進一步實施驗證之工作，以印證或推翻全盤或某些面向的解釋，此一階段包括現場採集之證物與標準樣品或不在場樣品之比對，不論是以化學的、顯微鏡的或其它各種分析方法與檢驗方法。

（五）形成理論

在蒐證之過程中可能獲得有關受害者群、犯罪嫌疑人之進一步資訊，相關人之活動，證人證詞之正確性，以及其它有關於事件各種狀況之消息，所有能夠證實之蒐證資訊、物證分析與解釋，以及檢驗之結果必須以驗證假設之可靠性來加以審查驗證。當他們經過了完全澈底的測試與分析驗證後，即可視為似真實可靠的理論。

① 胡致中《現場重建與犯罪偵查之研究》，桃園：中央警察大學警政研究所碩士論文，一九八八年。
② 李昌鈺、提姆西．龐巴、瑪琍琳．米勒著，李俊億翻譯《犯罪現場》（臺北：二〇〇五年初版八刷），頁二五〇。
③ 林燦璋、林信雄《偵查管理——以重大刑案為例》（臺北：五南圖書，二〇〇四年），頁九二至九三。
④ 郭振源編著《刑案現場重建之研究》（桃園：中央警官學校，一九九五年），頁一一至一二；樵林《犯罪偵查》（臺北：保儒數位，二〇一〇年），頁四四八。
⑤ 林燦璋、林信雄《偵查管理——以重大刑案為例》（臺北：五南圖書，二〇〇四年），頁九三至九四。

【古代其他相關案例舉隅】

出處	唐房玄齡《晉書・載記》
原文	有老姥遇劫於路，唱賊。路人為逐擒之。賊反誣路人。時已昏黑，莫知其孰是，乃俱送之。融見而笑曰：「此易知耳，可二人並走，先出鳳陽門者非賊。」既而還入，融正色謂後出者曰：「汝真賊也，何誣人乎？」賊遂服罪。蓋因賊若善走，必不被擒，故知不善走者賊也。
白話意譯	有個老婦人在路上遇到強盜打劫，大聲地呼喊抓賊，路人追趕上去幫老婦人抓到了盜賊。沒想到盜賊反倒誣陷這個路人。由於天色已黑，不知道誰才是盜賊，於是就把他們一起都押送到官府。苻融見到他們後笑著說：「這很容易知道，可以讓他們兩個一起跑，先跑出鳳陽門的人就不是盜賊。」不久後他們跑完回來，苻融嚴肅地對後跑出鳳陽門的人說：「你才是真的盜賊，為什麼要誣陷別人？」盜賊這才認罪。這是因為如果盜賊跑得較快，必然不會被路人捉住，所以才能推知跑得不快的那個人便是盜賊。

出處	原文	白話意譯	注釋
明馮夢龍《智囊全集》	蘇人出商於外，具妻畜雞數隻以待其歸。數年方返，殺雞食之，夫即死。鄰人疑有外奸，首①之太守。姚公鞫之無他故，意其雞有毒。令人覓老雞，與當死囚遍食之，果殺二人，獄遂白：蓋雞食蜈蚣百蟲，久則蓄毒，故養生家，雞老不食，又夏不食雞。	有一蘇州人在外經商，老婆養了好幾隻雞等他回來打算殺來慰勞。過了數年老公回來，老婆殺雞接風，沒想到老公一吃死了。鄰居懷疑老婆通姦殺夫，於是到太守那裡告發她。姚公審問後發現沒其他疑點，於是猜測雞本身有毒。便叫人把老婆所養的老雞抓來煮，又讓所有死囚都吃吃看，果然有二名死囚吃死了，這個案子於是就搞清楚：原來雞吃蜈蚣百蟲，久了身上就有毒，所以一般養雞人家，雞老了是不吃的，又說夏天也不適合吃雞。（鄒按：因為夏天百蟲生，雞更容易吃入有毒的蟲）。	①首，原指自首，此指告發。《晉書．藝術傳．幸靈》：「竊者急遽，乃首出之。」

出處	原文
明余象斗《皇明諸司公案》	冠氏縣有種瓜者沈陽和，極奸刁作惡，又吝嗇小氣。瓜熟之時，前村一婦人盛氏，手抱三歲兒子從瓜圃經過，摘一小瓜與其子。陽和在背地瞧見，即出而攔其婦曰：「你盜我瓜，可與你去見地方總甲①，討銀賠我。本處立有禁約在，凡盜一瓜者，定是償銀一兩。」盛氏以瓜投地曰：「摘你一小瓜，未值銀一分，那騙得我一兩！」陽和即扭盛氏去見總甲。那鄉人皆刁徒，共說要銀一兩賠瓜，勿倒鄉例。盛氏不得已，將銀簪一枝賠瓜，陽和又不肯。總甲叫盛氏將三枝簪都賠，立一紙供狀②，後放去罷。盛氏曰：「我把三枝簪賠你，丈夫亦罵。且我是賊，怎立供狀與你？」陽和見騙不得，便逼婦人同去見官。又思一瓜不能治罪，乃添摘二十枚以誣之。具狀告曰：「狀告為擅盜園瓜事：『國有律條，瓜果勿盜；鄉有明約，違禁者罰。』陽和鄉居，人多田少，種瓜為業，仰給衣食，倚辦官租。故具立約，不許擅盜。潑惡盛氏，蔑視國法，藐違鄉禁，擅行竊盜。瓜贓現存，當園捉獲，里甲可證，共執送臺③。乞法究治，追價賠贓，民業有主。上告。」以狀呈上，挑瓜三十枚到堂為贓，並執婦人來見。 盛氏曰：「我只摘一小瓜與兒子耍，陽和攔到伊家取賠，我憑總甲說以銀簪一根賠之。他更要銀一兩，不然亦更要二根簪都與他，又要立供狀，因此不肯。今這一擔

原文

瓜是他自摘賴我的。」唐太尹曰：「你婦人抱子到瓜園何干？」盛氏曰：「我家到瓜園內有五里路，要往娘家看娘，因在此過。」唐太尹曰：「此婦人必有男子同行。」沈陽和曰：「獨婦無男伴。」唐太尹又曰：「此婦人盜瓜以袋貯乎？以筐籠貯乎？」陽和曰：「並無筐袋。」唐尹曰：「既無筐袋，以婦人手抱一子，何以更盜得許多瓜？此只摘一個是真。你多要取賠，他不服騙，因此告他。又恐一瓜贓少，故自添摘以誣他耳。你若能抱子，又能拾盡餘瓜，便將此婦人問罪去。」陽和接抱此子，俯拾其瓜，不及十餘枚，已不能堪矣。唐斥曰：「你男子且不能手撿十瓜，奈何厚誣婦人乎！」遂治以誣告之罪。

白話意譯

見前

注釋

①總甲，為元、明以來職役名稱。明、清賦役制度，以一百十戶為一里，里分十甲，總甲承應官府分配給一里的捐稅和勞役等。元秦簡夫《東堂老・第一摺》：「詐官的該徒，我根前歪充，叫總甲來綁了這弟子孩兒。」

②供狀，指書面供詞。宋胡太初《晝簾緒論・聽訟》：「若婦女，未可遽行追呼，且須下鄉審責供狀，待甚緊急，方可引追。」

③臺，可泛指古代中央政府的官署，也可專指御史臺。南朝・梁任昉〈奏彈劉整〉：「輒攝整亡父舊使奴海蛤到臺辯問。」

胡質側寫得犯嫌 ⊕ 犯罪剖繪

【案例出處】

本文選自《三國志・魏書・胡質傳》。《三國志》是西晉陳壽所著，記載中國三國時代歷史的斷代史，同時也是二十四史中評價最高的「前四史」之一。陳壽曾任職於蜀漢，蜀漢滅亡之後，被徵入洛陽，在西晉擔任著作郎的職務。本案承辦人胡質字文德，東漢末魏初楚國壽春人。少年時知名於江、淮間，曹操召為頓丘令，仕途平順，累官荊州刺史，爵關內侯。胡質任官廣積糧穀，發展農業，加強守備。死後家無餘財，唯有賞賜的衣物、書筐，可見其清廉。

【原文及白話意譯】

【原文】

黃初中，（胡質）徙吏部郎，為常山太守，遷任東莞。士盧顯為人所殺，質曰：「此士無讎①而有少妻，所以死乎！」悉見其比居年少，書吏李若見問而色動，遂窮詰情狀。若即自首，罪人斯得。

【白話意譯】

黃初年間，胡質調任吏部郎，兼常山太守，後來改任東莞。當地有個讀書人被殺，胡質說：「被害者沒有仇人卻有妙齡美妻，這是他被殺的原因呀！」又看到左鄰右舍住了幾名少年，其中一名是書吏李若，問到他時發現他神色不對，再仔細追問，李若便自首，這也就抓到兇手了。

①讎，指仇敵。《尚書．泰誓下》：「誕以爾眾士，殄殲乃讎。」

【犯罪偵查原理簡析】

犯罪剖繪亦有稱為心理剖繪、罪犯剖繪、罪犯人格評估、犯罪現場剖繪、犯罪現場評估和行為剖繪等。亦有人稱之為應用犯罪學、調查心理學。目前美國聯邦調查局（Federal Bereau of Investigation, FBI）將剖繪改名為「犯罪偵查分析」，目的在使法庭更普遍接受其證詞，但一般人仍習慣使用「剖繪」這個名詞。

犯罪剖繪主要用在偵查階段，它並非一種科學的鑑識工具；只能指出何種人可能犯罪，可以縮小犯罪嫌疑人範圍，擬定偵查策略。本案即用到了犯罪剖繪的技巧：本案死者身分是一名讀書人，經過查訪發現並無仇人。但案件承辦人胡質發現死者有一貌美妻子，於是由此剖繪出兇手的犯罪動機應是為情殺人。《論語・季氏》：「孔子曰：『君子有三戒。少之時，血氣未定，戒之在色。及其壯也，血氣方剛，戒之在鬥。及其老也，血氣既衰，戒之在得。』」胡質認為為情殺人是一種情欲衝動，凶手應該是年輕人，於是再去觀察死者的鄰居，發現有幾名年輕人具有嫌疑；其中一名叫李若的小吏一被問到案情臉色大變，審問之後他果然就是凶手。

犯罪剖繪依方法可分為①：

歸納法：歸納方法是根據先前案件的統計研究得到一組犯罪者的特徵，再依據實際偵查經驗推論同類的未知犯罪者亦擁有這些特徵。

演繹法：相對於歸納法是利用統計方法，描述犯罪者的一般特徵，從過去研究的犯罪者行為和背景特徵，類推到單一犯罪嫌疑人。演繹法則是利用推理方法，描述某一犯罪者的特定屬性。「演繹剖繪」又稱「行為跡證分析」，是從行為跡證推論犯罪者的人格和生活型態，係依據物證及行為跡證、被害調查和刑案現場特徵，導出犯罪者剖繪。

本案運用到今日犯罪剖繪中的「心理剖繪」和「地緣剖繪」：

一、心理剖繪

（一）概念

所謂心理剖繪，乃是將犯罪心理學與司法精神醫學對犯罪者的系統研究，予以整理、比較、分析、歸納、分類並標準化各種罪犯的類型，而能提供實務人員在偵辦刑案時，除借重傳統之物理與化學痕跡的蒐集與鑑識外，更能蒐集到犯罪者與被害者，和犯罪情境互動後所留存下的「心理痕跡」，而以此心理痕跡過濾人犯，縮小偵查範圍而提高破案比率的刑事偵查技術。②

心理描繪是偵查技術的一種，係根據犯罪現場留下的「心理痕跡」，利用犯罪心理學以及精神分析學之理論，對每一個個案進行犯罪形成、犯罪模式、行為徵候及犯罪者人格特質等做一統計分析，用其結果來推斷當事人到底為何類型人。係因犯罪現場所留下的痕跡，可以反映出犯罪者部分的人格或其關連性，利用心理描繪可以幫助偵查人員縮小偵查範圍、對象及掌握偵查方向。③

(二) 基本假設

1 個體本身的犯罪行為，反映犯罪人的人格。
2 犯罪者的核心人格是獨特的，可用於辨識個人身分。
3 犯罪者的人格難以改變。
4 犯罪現場反映人格。
5 作案手法都很類似。
6 簽名特徵將會維持不變。

(三) 心理剖繪技術適用範圍

1 性犯罪：性凌虐、性侵犯。
2 連續殺人：狂亂的性謀殺或連續殺人；殺害後取出被害人內臟；殺害後切割被害人肢體。

3 無合理動機的縱火。

4 宗教性或狂熱份子。

（四）目的

1 提供刑事司法體系對犯罪人的社會心理評鑑。

2 提供刑事司法體系對犯罪人自我控制的心理評估。

3 提供對犯罪者施行晤談的建議及策略。

（五）實施過程

階段	內容
剖繪輸入	蒐集所有有關犯罪資料（現場報告、偵查報告、鑑識紀錄、被害人背景）。
決策過程模式	將前述資料分析，並列出犯罪活動的面向，如案件之發生時、地、屍體位置、受傷情形？
犯罪評估	基於前述分析結果，重建犯罪時犯罪者與被害者之行為樣態。如被害者被毀容，是否與兇嫌熟識？歹徒使用之凶器類型，是否為預謀犯案？

犯罪者剖繪	對最有可能的犯罪嫌疑人做初步的剖繪，包括犯罪者之人種、性別、年齡、生活狀況、過去類似案件發生的機率。
調查	將剖繪報告交給偵查人員就相關犯罪嫌疑人進行偵查。若有「新證據」或「新犯罪行為」被發現時，應立即修正剖繪報告。
逮捕	逮捕後由剖繪專家評估其剖繪報告之正確性如何？並再藉由與犯罪者的訪談，評估各「背景變項」與「心理變項」對犯罪發生之影響程度。

二、地緣剖繪

地緣剖繪大致分為習性時間、上班外時間、歹徒有利地點等。歹徒作案習性當然以選擇對其最熟悉環境和有利時間點犯案，主要是可避開警方查緝和有利下手時機。因此，地緣剖繪就顯得格外重要。④地緣剖繪之理論基礎主要包括環境犯罪學（任何犯罪要發生，必須犯罪者和被害者在時空有交錯），和日常活動理論（有動機的犯罪者遭遇合適的被害人，二者都在從事日常活動）。……「環境犯罪學」認為犯罪地點通常也是犯罪者的主要活動地點。……「日常活動理論」指出犯罪者和被害者必須時空交錯，犯罪要發生，必須要有動機的犯罪者（motivated offender）在適當環境與合適的目標（suitable target）接觸，而且要有能力的監控者不在場。⑤

除了罪犯慣用的犯罪手法外，罪犯就像是食肉動物一樣，也有他們的「獵區」——他們犯罪的地方。乍看之下，這或許大得嚇人，但是調查員通常可以偵察出這個範圍內的模式。⑥

除了針對地理和地緣之外，執法人員還能對以下對象進行剖繪⑦：

（一）犯案手法剖繪：犯案手法剖繪是關於犯案過程的剖繪，指犯案人數、年齡、犯案時間、犯案工具、作案方式等彙整之分析。由於這些特徵是客觀存在的，不同的人、不同的犯案手法所遺留痕跡，總是因人因物而有所不同。

（二）犯案工具剖繪：犯案固定工具種類或相同工具痕等彙整分析，是屬於物的剖繪。常見手法是闖空門。犯案工具、破壞手法、尋找（被害人）方式等。因此，勘查現場遺留的作案工具或形成現場痕跡的工具的持有者，就有可能找出犯罪有關的線索而查獲犯罪嫌疑人。

還需注意的是，犯罪嫌疑本質有「積極型」與「消極型」兩種。向來人們即有與事實違常、反常、異常等認知上之矛盾，此矛盾係指與正常不同之違常、反常、異常而言。而將正常、反常現象等比對發現，以犯罪嫌疑程度差別表示，區分為「積極型」與「消極型」。是故犯罪嫌疑本質不外乎「積極型」與「消極型」的發覺與運用，其中「積極型」係指積極表現超乎常情常理之作為者，「消極型」係指消極退縮不符常情常理之作為者。依犯罪要素「人、事、時、地、物」等種種行為表現，配合運用「積極型」與「消極型」的概念，可較清楚犯罪嫌疑所在。⑧

①廖有祿《犯罪剖繪——理論與實務》（桃園：中央警察大學出版社，二〇〇六年），頁一〇至一一。
②何明洲《犯罪偵查學》（桃園：中央警察大學出版社，二〇一二年），頁七〇。
③樵林《犯罪偵查》（臺北：學儒數位，二〇一一年），頁九二至九四。
④何明洲《犯罪偵查學》（桃園：中央警察大學出版社，二〇一二年），頁七五。
⑤廖有祿《犯罪剖繪——理論與實務》（桃園：中央警察大學出版社，二〇〇六年），頁六〇、一二〇至一二一。
⑥（美）布萊恩・隱內著、吳懿婷譯《犯罪心理剖繪檔案》（臺北：商周文化，二〇一二年八月二版二刷），頁一六七。
⑦何明洲《犯罪偵查學》（桃園：中央警察大學出版社，二〇一二年），頁七〇至七五。
⑧陳博文《竊盜犯罪偵查之研究——以探討犯罪嫌疑為主》，桃園：中央警察大學刑事警察研究所碩士論文，一九九九年。另陳博文還提到「人」的犯罪嫌疑可以注意：精神狀態、行為方式、言語表現、社經地位。「事」的犯罪嫌疑可以注意：隱密重罪案偽裝成竊盜所致之犯罪、竊盜案偽裝成無犯罪、竊盜案偽裝成輕於竊盜之犯罪。「時」的犯罪嫌疑可以注意：隱密時間、過於定時、時間差異、個人作息、糢糊之不在場證明、完美之不在場證明。「地」的犯罪嫌疑可以注意：隱密地點、偏僻地點、特殊地點。「物」的犯罪嫌疑：數量過多、用途不符、痕跡顯現、來源追溯。

第參章 ⊕ 證據鑑識

客觀取得的證據是重建犯罪現場、釐清法律責任的重要依據。證據中的物證可以提供檢驗、鑑識，是物質性不容抹滅和否定的存在，它往往在犯罪偵查中發揮確定罪責的關鍵性作用。

刑案現場勘察是一種發現的過程，發現在犯罪現場所發生的所有犯罪活動，如犯罪本質、犯罪型態、物證種類及其它所有在犯罪現場及與犯罪相關的事實真相，所以鑑識人員必須在犯罪現場進行有系統的勘察。刑案現場勘察是以科學方法為基礎，是一個有系統、有條理的步驟，在到達現場時就展開，接著現場保全、現場搜索、現場記錄、物證辨識、物證顯現、採取、包裝與保存、物證鑑定、現場分析，最後進行犯罪現場重建。接下來便依現場搜索、現場記錄、物證採取進一步還原案情細節。最後利用顯微鏡的幫助，從微物跡證中找線索，確定原先推敲的案情，便能偵破案件。

中國自周朝以來，偵查勘驗制度已具雛型，到秦代有了進一步發展，直至宋朝，對犯罪現場的勘驗已有了相當的分工，勘驗步驟和採取的技術手段已達到相當水準，與歐洲國家相比要早二千餘年。①限於篇幅，本章僅舉中國古代關於微物、痕跡、法醫和文書四種物證的鑑識為說明。

① 董純樸〈中國古代偵查歷史特點研究〉，《江西公安專科學校學報》一三三期，二〇〇九年七月，頁四六。

李惠鹽屑知裘主——微物跡證

【案例出處】

本文選自《北史・外戚傳》。《北史》為唐李延壽所編，主要在《魏》、《齊》、《周》、《隋》四書基礎上刪訂改編而成。全書採紀傳體編成，共一百卷，上起北魏登國元年，下迄隋義寧二年，記北朝北魏、西魏、東魏、北周、北齊及隋六代二百三十三年史事。本案承辦人李惠是中山人，思皇后之父也。他的父親李蓋，歷任殿中、都官二尚書、左將軍、南郡公，所以李惠的出身很好。娶襄城王韓頹女，歷任散騎常侍、侍中、征西大將軍、秦益二州刺史，還曾進爵為王。李惠長於推理。在雍州時遇有二燕爭巢，他以竹弓彈二燕，推知堅絕不去離者為巢之主人。

【原文及白話意譯】

【原文】

人有負鹽負薪者，同釋重簷息樹陰。二人將行，爭一羊皮，各言藉背之物。惠（李惠）遣爭者出，顧州綱①紀曰：「此羊皮可拷知主乎？」群下咸無答者。惠令人置羊皮席上，以杖擊之，見少鹽屑：「得其實矣。」使爭者視之，負薪者乃伏而就罪。凡所察究，多如此類，由是吏人莫敢欺犯。

【白話意譯】

路上有一位背鹽和背薪材的行人，一起在樹下卸貨乘涼。二人同時起身離開，卻爭執一張羊皮，都說是自己拿來墊背用的。李惠把這相爭的二人先斥退到外面，對著下屬說：「這張羊皮可以拷問它來得知主人是誰嗎？」下屬們沒一個答得上來。李惠便令人將羊皮放到竹席上，用木杖打擊它，發現掉下一些鹽屑，「知道實情了。」再讓爭執的兩人前來一看，背薪材的人馬上認罪。凡是李惠所察究的案子，都像這案子一樣，因此小吏百姓沒人敢欺瞞他。

①州綱，即州署中的屬官。《魏書．邢巒傳》：「文學箋啓，往往可觀，冠帶風流，亦為不少。但以去州既遠，不能仕進，至於州綱，無由廁跡。巴境民豪，便是無梁州之分，是以鬱怏，多生動靜。」

【犯罪偵查原理簡析】

本案承辦人李惠在判斷羊皮的主人時，想到二造的職業不同，如果羊皮都是他們所宣稱的生產工具的話，勢必在上面留下因職業所沾染到的微物跡證。於是用木杖打擊羊皮，並將落下的微物蒐集起來，結果發現所蒐集的全是鹽粒，明顯地羊皮屬於鹽商所有，很明快就判了樵夫的誣告罪。

我國《警察偵查犯罪規範》提到偵查的「科學原則」：實施偵查，每一行動過程必須保持冷靜，審慎思考，並本於存疑取證與虛心求證之科學精神，切忌先入為主之主觀判斷，疏忽情報資料之價值運用。

刑案偵查應以現場為基礎，運用科學器材與方法，細心勘查，切實調查，深入研析，發掘線索，合法取證，並配合刑事科學鑑識技術證明犯罪及確定犯人。微量證物是案件偵查的蒐集物證對象之一，它的內容包羅萬象，除了本案的鹽粒外，常見的有毛髮、纖維、玻璃碎片、油漆碎片、土壤、植物種子、礦物等各種遺留於犯罪現場、與犯罪嫌疑人及犯罪事件有關連的微量證物。①以下簡單說明證物的蒐集方法及運用微物跡證的理論。

一、包含微物跡證在內的現場搜索、記錄與物證採取蒐集方法

今日現場搜索能找出所有有用的證物，用來連結或澄清犯罪嫌疑人或證人與犯罪的關連。其方法又分為直線法（帶狀法）、方格法、區塊法和螺旋法。直線法是把現場封鎖成方形，搜索隊排成手臂長的間隔，沿著直線前進搜索，勘察人員必須在他前進的路徑上找尋證物，這種方法也稱為帶狀法；方格法是改良的雙直線搜索法，本法是以直線法搜索後，再以另一個直線法在同一區域進行搜索，但兩者進行方向是相互垂直，搜索人員一直線進行現場搜索，完成第一次直線搜索後再進行另一個直線搜索；區塊法則為依據現場大小，規劃為幾個合適的大小區域，每人搜索一個區域——最好每個區域都有兩個勘察人員搜索過。螺旋法是以螺旋方式從犯罪現場外圍開始，漸次朝中心旋轉搜索，直到抵達中心點。

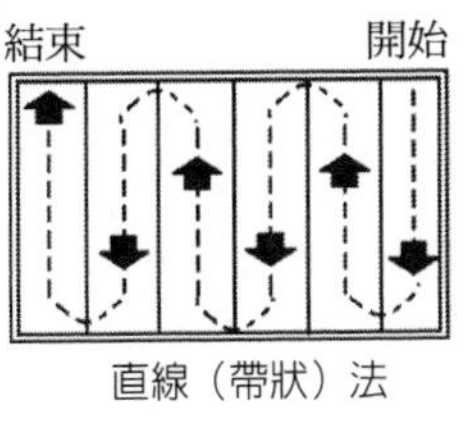

直線（帶狀）法

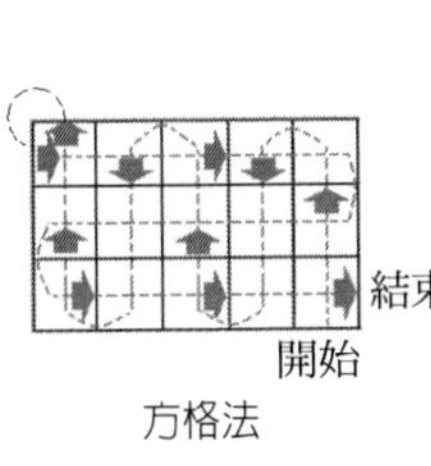

方格法

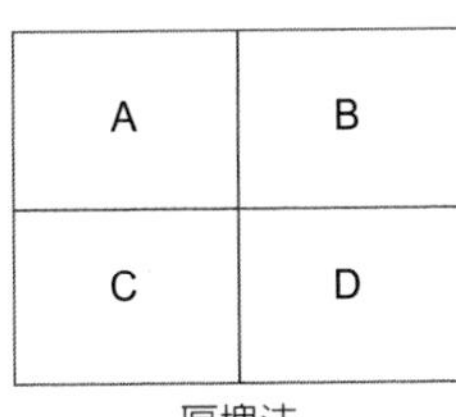

區塊法

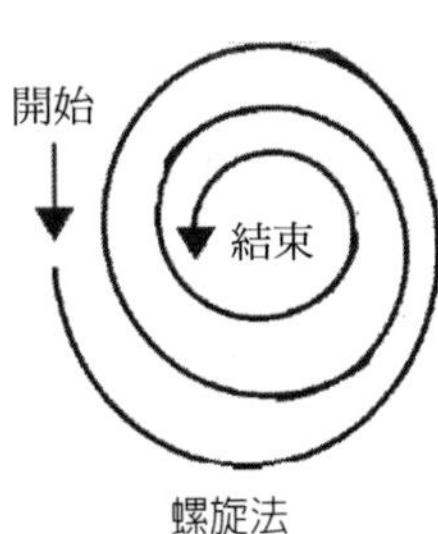
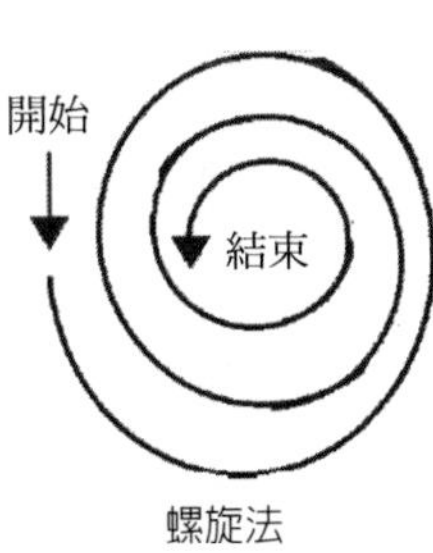

螺旋法

進入刑案現場，鑑識人員必須能立即反應，確保自身對現場的掌握，並能控制現場情況，保存物證、記錄現場狀況、位置與相互關係，正確的現場紀錄能再次驗證現場採集到的物證。

刑案現場搜尋證物時，一般常借助目視或打光的方式搜尋微物跡證。通常所使用的光源為可見光。可見光的波長範圍是在四百至七百奈米。但某些證物，如指紋、血跡或纖維等，要在特殊波長的光源下才會被激發出螢光，所以此時可借助一些儀器，如多波域光源或雷射、紫光燈等來觀察可能的反射光或螢光。②若拍攝光源幾乎平行於物體表面的話，對於物體表面輕微的高度變化或表面細微特徵能較為清楚記錄。雖然市面上已容易購得「低角度環形光源」，然基於刑案現場操作方便性，還是以「蛇燈」作為低角度光源。③

二、說明微物跡證能連結犯罪現場與嫌疑人關係的「羅卡得交換原理」

被視為微量證物大師的法國刑事科學家埃德蒙•羅卡（Edmond Locard）博士，於一九二八年提出「羅卡得交換原理」。此原理主張：「當兩個物體發生接觸時，產生相互轉移作用，使得其中一物體上之物質轉移至另一物體上」。美國鑑識科學之父保羅•庫克（Paul Kirk）博士進一步修正該原理為：「犯罪嫌疑人不可能不遺留證據在犯罪現場，以及帶走原本於現場的證據」。由此可見分析微量證物對於案件偵查，有著極關鍵的地位。隨著科技的進步，使得微量證物的分析更加周全。在建立完整的資料庫後，可讓以往被視為情境證物（circumstantial evidence）的微量證物，也能扮演決定案件偵查方向之關鍵角色。有時在缺乏有效的DNA以及指紋證物下，微量證物更能協助執法人員抽絲剝繭，釐清真相。

今日最常見到微量證物能發揮極大作用的案件分別為殺人、性侵、傷害與竊盜。一般而言，毛髮和纖維是殺人與性侵案件中常見的證物。因為犯罪嫌疑人和被害人會有激烈的身體接觸，造成穿著衣物上纖維或毛髮的轉移。玻璃和油漆較常見於車禍肇事或住宅竊盜案。土壤與花粉則可以證明犯罪嫌疑人以及受害人是否曾到過現場以及其活動區域所在。微物鑑識是刑案重建重要的一環，一般微物在實體顯微鏡下就能告訴我們重要的訊息，如果再加上偏光顯微鏡技術，就能讓我們知道更多有用的資訊。

① 以下討論另可參陳用佛、鄒濬智《凡接觸必留下痕跡——淺談鑑識科學》，桃園：中央警察大學出版社，二〇一二年三月。

② 蔡居財譯〈紫外光在犯罪偵查上之功用〉，《刑事科學》一一期，一九七九年三月，頁六七至六八。

③ 徐遠齡〈刑事鑑識對於犯罪偵查之重要性〉，《警學叢刊》十二卷二期，一九八一年十二月，頁二至四。

【古代其他相關案例舉隅】

出處	南朝．宋范曄《後漢書．酷吏列傳》
原文	(周)錙廉絜無資，常築墼①以自給。肅宗聞而憐之，復以為郎②，再遷召陵侯相。廷掾③憚錙嚴明，欲損其威，乃晨取死人斷手足，立寺④門。錙聞，便往至死人邊，若與死人共語狀。陰察視口眼有稻芒，乃密問守門人曰：「悉誰載藁入城者？」門者對：「唯有廷掾耳。」又問鈴下⑤：「外頗有疑令與死人語者不？」對曰：「廷掾疑君。」乃收廷掾考問，具服：「不殺人，取道邊死人。」後人莫敢欺者。
白話意譯	周錙由於太過清廉，所以身上沒有多餘的錢，常常建窰燒磚賺點生活費。漢肅宗知道後覺得他可憐，於是先讓他在中央政府佔個郎官缺，再遷調為陵侯相。廷掾害怕周錙新官上任三把火，想要殺殺他的威風，於是一大早把斷了手足的路邊死人抬到官府大門。周錙知道了這件事，便趕到死人那邊，假裝和死者講話的樣子。但其實私底下在觀察死屍，發現了死屍口眼沾有稻芒，於是暗自問守門人說：「今天誰載了藁進城來？」守門人回答：「只有廷椽。」又問隨從：「外面有誰人對我與死人講話這件事感到懷疑的？」隨從回答：「廷掾懷疑您。」於是把廷椽關押起來審問，才招認出：「我沒有殺人，只是拿了路邊死人來湊數。」之後再也沒人敢欺瞞周錙。

注釋

①墼，指磚或未燒的磚坯，亦可指用泥土或炭屑摶成的圓塊。宋陳師道《後山談叢·卷二》：「唐末岐梁爭長，東院主者知其將亂，日以蔌粟與泥為土墼，附而墁之，增其屋木，一院笑以為狂。」

②郎為官名，戰國時已有，秦、漢時沿置，有議郎、中郎、侍郎、郎中等，員額無定。均屬於郎中令。其職責原為護衛陪從、隨時建議、備顧問及差遣。東漢以尚書臺為實際的行政中樞，其分曹任事者為尚書郎，職責範圍與過去的郎官不同。後遂以侍郎、郎中、員外郎為各部要職。

③挺椽為縣令的屬吏。《史記·滑稽列傳》：「鄴三老、廷掾常歲賦斂百姓，收取其錢得數百萬，用其二三十萬為河伯娶婦，與祝巫共分其餘錢持歸。」

④寺，於此指衙署、官舍。《漢書·元帝紀》：「瑰敗豲道縣城郭官寺及民室屋，壓殺人眾。」顏師古注：「凡府庭所在皆謂之寺。」

⑤鈴下，指親衛或隨從、門卒等。漢應劭《漢宮儀》：「太常駕四馬，主簿前車八乘，有鈴下、侍閤、辟車、騎吏、五百等員。」

出處	五代．晉劉昫等《舊唐書．張允濟傳》
原文	（張允濟）嘗道逢一老母種蔥者，結庵①守之，允濟謂母曰：「但歸，不煩守也。若遇盜，當來告令。」老母如其言，居一宿而蔥大失。母以告允濟，悉召蔥地十里中男女畢集，允濟呼前驗問，果得盜蔥者。
白話意譯	（張允濟）曾在路上遇到一個種蔥的年老婦人，在田邊築了草庵顧田，張允濟同老婦人說：「你回家歇息，不用苦守在這裡。如果遇到偷蔥賊，再來告官不遲。」老婦人便遵從他的建議，沒想到才一晚，蔥田就被偷拔得亂七八糟。老婦人前去告訴張允濟，允濟再將蔥地方圓十里之內的男男女女全都召集來，一個個叫上前來聞驗，果然從中聞出誰是偷蔥賊。
注釋	①庵，即圓頂草屋。《釋名．釋宮室》：「草圓屋曰蒲。蒲，敷也；總其上而敷下也。又謂之庵。庵，奄也；所以自覆奄也。」

出處	民國趙爾巽等《清史稿．趙廷臣列傳》
原文	廷臣為政寬靜而善折獄。有瞽者入屠者室，攫其簍①中錢，屠者逐之，則曰：「欺吾瞽，奪吾錢。」廷臣令投錢水中，見浮脂，以錢還屠者。
白話意譯	趙廷臣行政寬緩而文靜，他也很會斷案。有個瞎子跑到屠夫家，偷拿了竹簍中的錢，被屠夫給趕了出來，竟說：「你欺侮我看不見，搶我的錢。」趙廷臣叫瞎子把錢投入水中，看見油脂浮了上來，便把錢判還給屠夫。
注釋	①簍為古代宗廟盛肉的竹器。《周禮．地官．牛人》：「凡祭祀共其牛牲之互，與其盆簍以待事。」鄭玄注引鄭司農曰：「盆、簍皆器名。盆，所以盛血；簍，受肉籠也。」

楊繪官庫識猴跡 ◆ 各種痕跡

【案例出處】

本文選自《宋史‧楊繪列傳》。《宋史》於元末至正三年由丞相脫脫和阿魯圖先後主持修撰，《宋史》與《遼史》、《金史》同時修撰，是二十四史中篇帙最為浩繁的史書。本案承辦人楊繪字元素，號先白，綿竹人，嘉祐元年進士，歷任通判、集賢校理、開封府推官。熙寧七年七月因攻擊新法，代陳襄為杭州知州，與蘇軾友好；官至翰林學士、御史中丞。晚年定居海陽縣官溪都。元佑三年卒。

【原文及白話意譯】

【原文】

（楊繪）以母老，請知眉州，徙①興元府。吏請攝②穿窬③盜庫縑④者，繪就視之，蹤跡不類人所出入，則曰：「我知之矣。」呼戲沐猴者詰⑤於庭，一訊具伏，府中服其明。在郡獄無繫囚。

【白話意譯】

楊繪以母親年老需要就近照料的原因，上請改任眉州，徙往興元府。下屬敦請楊繪緝捕穿洞偷官府縑帛的盜賊，楊繪於是前往現場查看，發現出入現場的足蹤不像是人類所有，便說：「我知道了。」叫來訓練猴戲的人來公堂加以詰問，一問這人就認罪了，興元府裡每個人都很佩服楊繪的明察。郡獄之中也都因此空無一人。

① 徒，於此指職位的調動。《史記．張釋之馮唐列傳》：「中郎將袁盎知其賢，惜其去，乃請徙釋之補謁者。」
② 攝，於此指捉拿，拘捕。《國語．吳語》：「攝少司馬茲與王士五人，坐於王前。」韋昭注：「攝，執也。」
③ 穿窬，本指挖牆洞和爬牆頭，引伸指偷竊行為。《論語．陽貨》：「色厲而內荏，譬諸小人，其猶穿窬之盜也歟！」何晏集解：「穿，穿壁；窬，窬牆。」
④ 縑，本指雙絲織的淺黃色細絹。《淮南子．齊俗訓》：「夫素之質白，染之以涅則黑；縑之性黃，染之以丹則赤。」引伸可指貴重織物。
⑤ 詰，指責備、質問。《逸周書．大匡》：「詰退驕頑，方收不服。」朱右曾校釋：「詰，責也。」

【犯罪偵查原理簡析】

瞭解犯罪者為何及如何在現場留下的各式痕跡，可以明瞭一部分犯罪者的手段和犯罪過程①，也能清查一部分犯罪人數、行徑、是否偽裝和犯罪者的作案時間②。痕跡的蒐集熱區在：進入通路、入口、現場、出口、逃離通路、暴力犯罪案件被害人身體、車輛（交通工具）。③

本案承辦人楊繪親自到遭盜的官庫查看後，發現用來入侵的牆上孔道無法使人類進出，因而縮小犯罪者的身分——可能是猴子一類手腳靈敏又能馴化的動物；再觀察地上足跡，驗證了他的想法，於是拘提猴子馴獸師來審問，果然因此破案。

本案承辦人所觀測到的痕跡是牆上的破壞痕及猴子的足跡。犯罪現場及附近足跡的檢查，與犯罪偵查關係密切。就現場發現的足跡或鞋印，往往可以據以推斷犯人的體格，走路方式，如徐行、跑步或跳躍，甚至其年齡及職業。

行進的足跡，是足跟先著地，再下足掌，加諸地面之壓力，也是依著地的次序，等到腳尖致力接地的那一剎那，腳就隨之高舉跨邁。行進時，體重大部分在足跟後部及足掌外緣或足掌內線及足跟前部，這種特性，對於足跡的鑑定，是很有幫助的。行進足跡，除了顯示行進者的方向外，行進者為了保持運動間的平衡，更顯示行進的跡象。足線與足角等除快跑、上下坡道、身體負重外，很少變動。由步長可以判斷行進者的身高、行速。④

現場足跡不外有鞋印及足紋（即赤足印）兩種。足紋與指紋同樣具有人各不同與永久不變的特性，醫院亦有利用足紋以辨別初生兒。由現場採取鞋印上特徵，可以與嫌疑人所有鞋底印痕相比對，則不難判斷鞋印是否為其所留。如發現多數鞋印存在，即亦可根據其步行狀況，進一步判斷犯人，由此可知足跡檢驗比對亦係刑事科學鑑識重要項目。⑤

① 黎國豪〈犯罪偵查與現場勘驗之關係〉，《警學叢刊》九卷三期，一九七九年三月，頁五一至五七。
② 郭振源《刑案現場重建之研究》（桃園：中央警官學校出版社，一九九五年），頁一一五至一一六。
③ 王乾榮《犯罪偵查》（臺北：臺灣警察專科學校出版社，二〇〇四年修訂三版六刷），頁六七。
④ 曾燕萍《犯罪心理學》（臺北：陽明雜誌社，一九七八年），附錄。
⑤ 鄭厚堃《犯罪偵查學》（桃園：中央警官學校出版社，二〇〇一年修正版），頁四五六至四五七。

【古代其他相關案例舉隅】

出處

《睡虎地秦簡・封診式・穴盜》

原文

爰書①：某里士伍乙告曰：「自宵藏乙複結衣一乙房內中，閉其戶，乙獨與妻丙晦臥堂上。今日起啓戶取衣，人已穴房內，徹內中，結衣不得，不知穴盜者何人、人數，無它亡也，來告。」即令令史某往診，求其盜。

令史某爰書：「與鄉□□隸臣某即乙、典丁診乙房內。房內在其大內東，比大內，南向有戶。房後有小堂，內中央有新穴，穴徹內中。穴下齊小堂，上高二尺三寸，下廣二尺五寸，上如豬竇②狀。其所以埱（鋤？）者類旁鑿，跡廣□寸大半寸。其穴壤在小堂上，直穴播壤，破入內中。內中及穴中外壤上有厀、手跡，厀、手各六所。外壤秦綦履跡四所，袤尺二寸。其前稠綦袤四寸。其履跡類故履。內北有垣，垣高七尺，垣北去內五步，其上有新小壞，壞直中外，類中歫之之跡，皆不可為廣袤③。

小堂下及垣外地堅，不可跡。不知盜人數及之所。內中有竹柖④，柖在內東北，東、北去廦⑤各四尺，高一尺。乙曰：『□結衣柖中央。』訊乙、丙，皆言曰：『乙以乃二月為此衣，五十尺，帛裏，絲絮五斤裝，繆⑥繒⑦五尺緣及純。不知盜者何人及蚤莫⑧，無意也。』訊丁、乙伍人士伍□，曰：『見乙有結複衣，繆緣及純，新也。不知其里□何物及亡狀。』以此直衣賈。」

白話意譯

報案筆錄是這樣寫的：「某里士伍乙報告說：『昨晚乙將本人的綿裾一件收在自己的居室側房中，關好門，乙自己和妻丙夜間睡在正房，今早起來關門取衣，有人已在側房挖洞直通房中，裾衣丟失，不知挖洞盜竊的是誰、有幾個人，沒有丟失其他東西，前來報告。』」

當即命令史某前往查看，搜捕竊犯。令史的調查報告是這樣寫的：「本人和鄉□□某，牢隸臣隨乙及里典丁查看乙的側房，側房在其正房東南，與正房相連，朝南有門，房後有小堂，牆的中央有新挖的洞，洞通房中。洞下面與小堂地面齊，上高二尺三寸，下寬二五尺五寸，上面像豬洞形狀，用來挖洞的工具像是寬刃的鑿，鑿的痕跡寬二□又三分之二寸。挖下的土在小堂上，散佈的土都對著洞，是由這裡鑽進房中的，房中和洞裡外土上有膝部和手的印痕各六處，外面土上有秦綦履的印痕四處，長二尺二寸。履印前部花紋密，長四寸，中部花紋稀，長五寸，跟部花紋密，長三寸。履印像是舊履。房的北面有牆，牆高七尺，牆的北面就是街巷，北牆距小堂的北部邊緣一丈，東牆距房五步的地方，牆上有不大的新缺口，缺口順著內外的方向，好像人腳越牆的痕跡，都不能量定長寬。

小堂下和牆外的地面堅硬，不能查知人的足跡。不知道竊犯人數和到什麼地方去了。房中有竹牀，牀在房的東北部，牀東面、北面各距牆四尺，牀高一尺，乙說：

白話意譯

『□裙衣放在牀中心』，訊問乙、丙，都聲稱：『乙在本年二月做的這件衣服，用料五十尺，用帛做裏，裝了綿絮五斤，用繆繒五尺做鑲邊，不知道竊犯是誰和盜竊的時間，沒有懷疑的對象。』訊問丁和乙的鄰居士伍□說：『曾見過乙有一件綿裾衣，用繆繒鑲邊，不知道衣裏□是什麼做的，也不知道丟失的情形。』據此估計衣服的價值。」

注釋

①爰書原指古代記錄囚犯供辭的文書。《史記．酷吏列傳》：「（張湯）劾鼠掠治，傳爰書，訊鞫論報。」裴駰集解引蘇林曰：「爰，易也。以此書易其辭處。」司馬貞索隱引韋昭曰：「爰，換也。古者重刑，嫌有愛惡，故移換獄書，使他官考實之，故曰『傳爰書』也。」後用以指判決書等法律文書。

②竇，即孔穴、洞。《禮記．禮運》：「（禮義）所以達天道，順人情之大竇也。」鄭玄注：「竇，孔穴也。」

③廣袤，原指地面積，從東到西的長度叫廣，從南到北的長度叫袤。《淮南子．天文訓》：「欲知東西南北廣袤之數者，立四表以為方一里距。」這裡指疑犯留下來的痕跡大小。

④竹床。

⑤廦，即壁。《說文．广部》：「廦，牆也。」段玉裁注；「與土部之壁音義同。」

注釋

⑥緦為麻十束。《說文·糸部》：「緦，枲之十絜也。」段玉裁注：「枲即麻也，十絜猶十束也。」在此指麻質布料。

⑦繒為絲織品之總稱。《禮記·禮運》：「故先王秉蓍龜，列祭祀，瘞繒，宣祝嘏辭說，設制度。」鄭玄注：「幣帛曰繒。」在此指絲質布料。

⑧蚤莫，即朝暮、早晚。蚤，通「早」。《禮記·曲禮上》：「傳坐於君子，君子欠伸，撰杖屨，視日蚤莫，侍坐者請出矣。」陸德明釋文：「蚤音早，莫音暮。」

惟濟刀痕辨誣陷 ⊕ 法醫鑑識

【案例出處】

本文選自《宋史・世家・吳越錢氏》。吳越錢氏是指吳越國開創者錢鏐及其後裔。錢鏐在唐末跟從石鏡鎮將軍董昌任鎮海節度使，乾寧年間，擊敗董昌，佔有兩浙十三州，後梁開平初年被封為吳越王。在位期間建立起這一地區的農業經濟。本案承辦人為錢鏐之後①、吳越忠懿王錢俶之子，故另名「錢俶子」。錢惟濟隨父降宋，與其兄錢惟演的詩作因收入《西昆酬唱集》而被稱為「西昆體詩人」。

【原文及白話意譯】

【原文】

（錢）惟濟，字岩夫。生七歲，俶封漢南國王，奏補本府元從指揮使。歷諸衛將軍，領恩州刺史，改東染院使，真拜封州刺史。……其後請試郡，命知絳州。民有條桑②者，盜奪桑不能得，乃自創其臂，誣桑主欲殺人，久繫不能辨。惟濟取盜與之食，視之，盜以左手舉匕箸③。惟濟曰：「以右手創人者上重下輕，今汝創特下

【白話意譯】

錢惟濟，字岩夫。七歲時錢俶封了漢南國王，上奏請錢惟濟補本府元從指揮使。惟濟後來歷任諸將軍，也當過恩州刺史，後改任東染院使，再正式出任封州刺史。……後來上奉請調地方州郡，被任命到絳州。有個老百姓種桑，強盜來搶桑不成，拿刀砍自己手臂，再誣告桑主人殺人，桑主人被關了好久仍搞不清楚案情。錢惟濟叫強盜來並賜予食物，看他用左手拿湯匙筷子。惟濟便說：「用右手人的話傷勢上重下傷，今天你的刀傷卻是下部較嚴重，正是用左手傷了自己右臂的情況，

重，正用左手傷右臂，非爾自為之邪？」辭遂服。

不就是你自己做的好事嗎？」強盜於是說出實情並服罪。

①錢鏐→文穆王錢元瓘→忠獻王錢弘佐→忠遜王錢弘倧→忠懿王錢俶→漢南王錢惟濟。

②條桑，猶言采桑。《詩經．豳風．七月》：「蠶月條桑，取彼斧斨，以伐遠揚，猗彼女桑。」馬瑞辰通釋：「條乃『挑』之假借……《箋》云『枝落之采其葉』者，采亦取也，正訓條桑為取桑。」

③匕箸，本指羹匙和筷子，也可泛指食具。《三國志．蜀志．先主傳》：「先主方食，失匕箸。」

【犯罪偵查原理簡析】

筆者曾撰書討論過中國古代法醫的進展及水準。①限於篇幅，本書僅舉古代凶殺案最常看到的刀傷案例進行說明。

錢惟濟在擔任絳州知州時，有個老百姓正在桑園採摘桑葉，強盜進園搶奪，但沒有得到手，就用刀把自己的手臂砍傷，誣陷是這個老百姓想殺死他而把他砍傷了。官府一時也沒辦法分辨清楚。錢惟濟知道這個案子後，就派人把他們兩人傳來詢問，並當面給他們飲食。見強盜以左手拿筷子和調羹，於是錢惟濟就對他說：如果別人用刀砍傷你的手臂，傷痕應是進刀重，出刀輕。現在你的創口卻是進刀輕，出刀重，這正是你自己用左手砍傷右臂的。誣陷者無言可答，只好服罪。這個案件中的錢知州正是透過細心觀察，根據自傷形成的規律，得出強盜自傷誣人的結論。

自傷偽稱他傷，損傷一般在自己雙手能夠達到，並且大多不具有生命危險的部位。自傷傷及心、肺、肝、腦等重要器官是很少見的。用右手自傷，一般傷在身體左側部較多，右側部傷較少，傷在背部和後腦部更少。同時自傷大多數用銳器切劃的傷勢較輕，多傷在淺表組織。自傷傷痕的方向比較一致，平行排列，創口不顯零亂，四肢無抵抗傷。他傷則可以在人體的任何部位形成，傷勢有輕有重，創口比較零亂，斧頭、磚石、棍棒、菜刀、小刀等都可以作為兇器。對於自傷偽稱他傷，除了檢驗損傷特徵外，結合傷者敘述、對現場的勘查，進行反覆詢問，以及必要的實驗，是可以區別傷害的真偽的。②

一、銳器刀傷種類

刀、劍、刺槍等銳器作用所致創傷，因其兇器之使用方法之不同，可發生切創或割創③：

（一）切創傷

小刀、魚刀、菜刀等之刃器之刃部放置於身體之一部分，利用拖刀之力量切斷皮膚及皮下組織之連絡。切創可分為一個創口、二個創角、二個創緣、二個創面、一個創底。切創發生於背部，即是廣闊平面部位，且創緣呈斜方向時大概可認出兇器在斜方向作用，受傷部位非平面時不一定相符合，同時有於初創面組織呈相當不規則的收縮者，因此兇器作用方向與實際創傷之外觀有趨向不一致者。如以不銳的剪刀或鋸作用時，其創面呈現不整齊。如以薄刀對體表銳角方向作用時發生瓣狀創。

（二）割創傷

斧頭、鐮刀、劍刀等稍重的刃壓入皮膚或打下時所發生之創傷稱為割創。

1割創之所見：創傷之形狀略與切創同，但因刃器之厚度較厚且為鈍重致使其壓下之力量甚強而致切創其深度為深，創口呈挫裂創之狀態，且割創一般呈切創與挫裂之中間的形狀。割創發生於骨時一部分創面平滑，另一部分因骨折之故呈粗糙且有由此處波及之龜裂線。

2兇器之判斷：可作或割創之兇器種類較少，且各種兇器可生成特別形狀之創傷之故，較易判斷兇器之種類。則由創口長，創底長，深度與兩創角之兩截痕間距離而判斷短刃兇器之種類。由遠位端之深度與創角之兩截痕間距離及創口長而判斷長刃兇器之種類。

二、自為或他為的判斷

藉由傷勢的深淺、長短及寬窄和銳器一類的兇器比對，可以知道兇器是如何造成這樣的傷勢。藉由對傷勢成因的判斷，就可以知道這個傷勢是自為或是他為。除了單對傷勢進行判斷可知自為或他為，傷勢所處的部位也能揭露一部分自為或他為的可能：④

（一）自為時，存於身體之創傷必須在死者自己之手可及之部分，若傷者已死，於置屍體之場所無鬥爭之形跡及無他人進入之跡象，尚有確實自殺之動機，或言行，例如留有自己所寫的遺書，以前曾與親近的人談過欲自殺，存有證據自殺等，死亡之場所適合於自殺之處等時即可認為自殺。

（二）他為時，存於身體之創傷，傷者已死，如有發現於本身之手不能達到的部位，如有多數的致命創傷時應考慮為他殺，其他如有格鬥之形跡，於屍體之附近散在有非屬於死者所有的物體，或於屍體周圍並未能發現加害之兇器，附著於屍體之血跡被洗去或拭去以圖隱蔽犯罪之痕跡等時可疑為他殺。

法醫檢驗中，常常涉及到鑑定受害者身上的損傷是他傷還是自傷的問題。從損傷的角度講，他殺損傷多於自殺損傷，他殺者重傷多。屍體上如果發現有兩處或多處立即致命傷的損傷，排除了意外事故，就可以肯定為他殺。而自殺者輕傷較多，且常在淺表。有的雖有多處損傷，但致命性損傷不可能有幾處以上。當然也有的決定一死的自殺者或精神病人，他們的自殺可以形成嚴重的損傷，有的自殺方式也很奇特，但結合其他情況還是可以判明的。從損傷的部位看，他殺損傷一般可以在人體的任何部位，傷痕的分佈不規則，方向也不一致，四肢有時可見抵抗傷，有的損傷可以發生在自己無法形成的位置。而自殺者的損傷部位，一般都是自己雙手可以達到的部位和易於達到的部位，多在額頂部、顳部、頸部兩側和前面、胸部、腹部等。傷痕排列較整齊、集中，方向大致一致，手腳無抵抗傷。

① 鄒濬智《古代法醫文選》，桃園：中央警察大學出版社，二〇一二年十月。

② 〈收集樣本材料時須注意的事項，他殺和自殺如何鑑別？〉，「中國司法鑑定」，http://www.moj.gov.cn/zgsfjd/node_5072.htm。

③ 郭振源編著《刑案現場重建之研究》（桃園：中央警官學校出版社，一九九五年），頁五九。

④ 郭振源編著《刑案現場重建之研究》（桃園：中央警官學校出版社，一九九五年），頁六一。

【古代其他相關案例舉隅】

出處	宋歐陽脩〈尚書都官郎歐陽公曄墓誌銘〉
原文	桂陽民有爭舟相毆至死者，獄久不決。公（歐陽曄）自臨其獄，出囚坐庭中，出其桎梏而飲食。訖①，悉勞②而還之獄，獨留一人於庭，留者色動惶顧。公曰：「殺人者，汝也！」囚不知所以，曰：「吾觀食者皆以右手持匕，而汝獨以左；今死者傷在右肋，此汝殺之明驗也！」囚即涕泣曰：「我殺也，不敢以累他人。」
白話意譯	桂陽發生了百姓爭奪舟楫相毆至死的案子，這個案子的兇手一直無法確定。歐陽曄親自到監獄去，把所有犯罪嫌疑人叫出來排排坐在中庭裡，解開他們的桎梏給他們食物吃。待他們吃完還加以安慰，只留下一人。被留下來的囚犯十分緊張，歐陽曄說：「殺人的就是你！」囚犯不曉得歐陽曄怎麼知道的，歐陽曄說：「我看所有吃飯的人都用右手拿匙，只有你一個人用左手。死者是右肋受傷致死，分明就是你幹的！」囚犯聽了哭著認了罪說：「人是我殺的，不敢再拖累他人。」
注釋	①訖，絕止、完畢。《尚書．呂刑》：「典獄，非訖于威，惟訖于富。」孔傳：「非絕於威，惟絕於富，世治，貨賂不行。」 ②勞，即慰勞。《詩經．魏風．碩鼠》：「三歲貫女，莫我肯勞。」

出處	民國趙爾巽等《清史稿・趙廷臣列傳》
原文	有殺人獄已誣服，廷臣察傷，格①曰：「傷寸而刃尺，必冤也！」更求之，得真殺人者。
白話意譯	有個犯罪嫌疑人認了不是自己做的殺人案件，趙廷臣看了屍體的傷勢，推測說：「傷口才長一寸，查獲的兇刀卻有一尺，其中必有冤情！」再探索實情，抓到了真正的殺人兇手。
注釋	①格，於此指推究。《禮記・大學》：「致知在格物，物格而後知至。」

筆墨紙裡有乾坤——文書鑑識

【案例出處】

本單元原文選自宋鄭克《折獄龜鑑》，書詳本書「犯罪偵查的基本前提——高素質的偵查人員」。

【原文及白話意譯】①

鑑識印文

【原文】

王徇②少卿，知昭州。有告偽

【白話意譯】

王徇少卿擔任昭州知州時，有位官員

為州印者，繫獄久不決，史持其文不類州印。徇為索景德以前舊牘，視其印文，則無少異，誣者立雪。蓋史不知印文更時也。（《折獄龜鑑・釋冤・下》）

被舉報使用假印。告他的官吏所持的證據是被告官員在文書上所用印和州府現行印不同。王徇於是派人找來景德年以前的舊公文，比較上頭的印文和被告所用者，結果發現並無不同。原來被告所用的是舊印，而告他的官吏不知道州印已經更換過一段時間了。

① 以下討論另可參陳用佛、鄒濬智〈《折獄龜鑑》文書鑑識案件古今談〉，《警大雙月刊》一六六期，二〇一三年四月。

② 王珣字元琳，小字法護，琅琊臨沂人。晉代官員、書法家。父親是中領軍王洽，祖父是東晉丞相王導，也是書聖王羲之之堂侄。因獲封東亭侯，故時人稱為王東亭。

鑑識塗改文書

【原文】

江某郎中，知陵州仁壽縣。有洪氏，嘗為里胥，利鄰人田，紿①之曰：「我為收若稅，免若役。」鄰人喜剗②其稅，歸之，名於公上。逾二十年，具偽券，茶染紙類遠年者以訟。某取紙即伸之，曰：「若遠年紙，裡當白；今表裡一色，偽也。」訊之，果服。（《折獄龜鑑・察姦》）

【白話意譯】

郎中江某擔任陵州仁壽縣知縣時，姓洪的前里正因貪圖鄰居的田產，便欺騙鄰人說：「你的田如果能掛在我的名下，就由我來替你繳稅，同時可以設法免除你的勞役。」鄰人聽了便把田產歸到洪氏的名下。過了二十幾年，洪氏為能順利將田產移到自己名下，就偽造田契，還用茶汁染紙，讓它看來像是年代久遠的樣子，然後前來訴訟，說田本來是他的。江知縣取過田契，發現這張紙表裡都是黃色，顯係偽造。審訊之後果然如此。

①紿，即欺誑。《穀梁傳・僖公元年》：「此其言獲，何也？惡公子之紿。」
②剗，此指滅除。《後漢書・胡廣傳》：「剗戾舊章。」

鑑識刮擦文書

【原文】

唐垂拱年，羅織①事起。湖州佐史江琛，取刺史裴光判書，割取其字，湊合成文，以為與徐敬業反書，告之。則天差御史往推。光供稱云：「書是光書，語非光語。」前後三使，皆不能決。或薦張楚金能推事，乃令再劾，又不移前疑。楚金憂悶，偃臥窗邊，日光穿透，因取反書向日看之，乃見書字補葺②而成，平看則不覺，向日則皆見。遂集州縣官吏，索水一盆，令

【白話意譯】

唐朝垂拱年間，湖州佐史江琛，竊取了刺史裴光寫的判決書，先把字挖了下來，再拼湊成文，偽造了一封寫給徐敬業的謀反信，還檢舉他。武則天派官員前去審訊，裴光說：「字是我的字，但謀反信不是我寫的。」一連派了三名官員去調查，都調查不出個結果。命張楚金再去審理，仍未有結果。張楚金鬱悶之際，仰臥在窗邊，見日光穿透窗戶，便拿起謀反信對著日光看。結果發現信上的字都是一個個修補黏貼上去的。於是把州縣官史召集起來，要來一盆水後，命令江琛把謀反信扔到水中，結果字字解散，江琛只好叩頭認罪。於是丈責一百，再斬首示眾。

琛以書投於水中，字字解散。琛叩頭服罪。敕決一百，然後斬之。

（《折獄龜鑑・辨誣》）

① 羅織，指謂無中生有、多方構陷。《舊唐書・酷吏傳上・來俊臣》：「招集無賴數百人，令其告事，共為羅織，千里響應。欲誣陷一人，即數處別告，皆是事狀不異，以惑上下。」

② 補葺，即補輯。宋蘇軾《策略一》：「而天下之士，方且掇拾三代之遺文，補葺漢、唐之故事，以為區區之論，可以濟世，不已疏乎！」

鑑識個人化筆跡①

【原文】

宋文帝元嘉二十二年，孔熙先與徐湛之、許耀、謝綜、范曄謀立彭城王義康，湛之上表告狀，詔收

【白話意譯】

南朝宋文帝元嘉二十二年，孔熙先與徐湛之、許耀、謝綜、范曄密謀擁立彭城王劉義康為帝，徐湛之上表告發。但除了范曄之外，謝綜等人全部招供認罪。范曄

綜等，並皆款服②，唯曄不首。頻詔窮詰，曄言：「熙先苟誣引臣。」文帝令以曄所造及改定處分、符檄、書疏墨跡示之，乃引罪。（《折獄龜鑑・鞫情》）

表示：「此事為孔熙先惡意誣告他的」。最後文帝下令將范曄親筆起草和定稿的處分文書、符檄、書信，拿來和造反書信中的筆跡進行比對，范曄這才承認罪行。

① 傳統書法也可以利用今日筆跡鑑定理論予以判認，詳趙麒麟〈書法司法鑒定的方法和步驟〉，《經營管理者》二〇〇九年十一期，頁三一二。

② 款服，指服罪、招認。《太平廣記・卷一二一》引唐張鷟《朝野僉載》：「（來俊臣）起謂興曰：『有內狀勘老兄，請兄入此瓮。』興惶恐叩頭，咸即款伏。」

鑑識摹仿筆跡

【原文】

唐張鷟為河陽尉。有呂元者，

【白話意譯】

唐朝張鷟擔任河陽尉時，呂元為了盜賣官倉存儲的粟米，偽造了倉督馮忱的偽作倉督馮忱書，盜糴①官粟。忱不認，元堅執，久不能決。鷟乃取告牒②，括兩頭，留一字，問元：「是汝書，即注云『是』；不是，即注云『非』。」元注云：「非」。去括，乃是元告牒，遂決五下。又取偽書括字問之，元注云：「是」。去括，乃是偽作馮忱書也，元遂服罪。（《折獄龜鑑·辨誣》）

信。案發之後，馮忱否認是他寫的信，呂元卻一口咬定。張鷟接辦此案後，取來一份告牒，遮住兩頭，留一字，問呂元：「你看看，是你的字就注『是』，不是你的字就注『非』。」呂元一看，注了「非」，結果去掉遮掩後，卻是呂元自己寫的告牒，便打了他五板子。然後又取來偽造的告牒，照樣遮住其他字，只留下一字，呂元注了「是」，結果去掉遮掩，卻是他所偽造的馮忱的信。呂元只好認罪。

① 盜糴，指非法出賣糧食。《新唐書·食貨志四》：「兩池鹽盜販者，跡其居處，保、社按罪。鬻五石，市二石，亭戶盜糴二石，皆死。」

② 告牒，指告發的文書。《新唐書·宋申錫傳》：「大和五年，遣軍候豆盧著誣告申錫與漳王謀反……僧孺等見上出著告牒，皆駭愕不知所對。」

【犯罪偵查原理簡析】

鑑識印文

印章作為一種身分、權威的標記，有著廣泛的用途。印文是印章印面蘸上印泥、印油等介質或直接在文書等物品上蓋印所形成的印跡。對印文進行鑑識，必須要觀察它的一般性特徵與細部特徵。

印章印文的一般特徵是指印章印文的形態狀況及其組成部分。印章印文的一般特徵包括：製成方式特徵（手工製成、機械雕刻、照相製模或印刷等）；形態特徵（長方形、三角形、橢圓形、菱形等）；大小特徵（面積、直徑等）；圖文特徵（文字和圖案，與其排列形式等）；文字形體特徵（字體、字形等）；邊框類型及形態特徵（單或雙框、寬窄等）等。

印章印文的細節特徵指的則是：圖文、線條的細節特徵（印文圖案、文字、線條或邊框的形態和搭配比例以及在印面上的相互關係）；字間位置與距離特徵；筆劃線條的交接和搭配位置特徵；筆畫、線條間的比例特徵；筆畫、線條的傾斜方向特徵；筆畫、線條的形狀特徵（筆畫或線條的弧度、轉折角度及兩端形態等）；磨損、修補特徵；暗記特徵（印章的製作或使用過程中，為了防偽或區別印章在不同時期的使用情況，而有在圖文、線條的某一部位增加或減少某一部分所形成的形態特徵）；盲字特徵（印章在使用過程中，由於印泥或其他異物堵塞文字筆畫造成的暫時性模糊不清現象）；製作工藝細節特徵等。

印章的使用處於不斷的變化中。新舊印章的交接使用也會造成印文改變。知道這樣的一個變因，前引古案中的冤判，未來應該要儘量避免。又因同一個印章的使用受到時間的影響，印面特徵會出現一定的變化；新的特徵產生，舊的特徵則會消失。還有，印章由於蓋印時的作用力、作用條件的變化，而這個變化受到印章印面（受到使用時間或印章材質物理性質影響）、蓋印力、承受面的材質以及印染物質四個變因影響，在對印文進行鑑識時不能不一併考慮進去。

鑑識塗改文書

本案利用茶汁當染劑來塗改文書，其目的在偽造文書的書寫年代，以使偽造的文書可信度提高。但更常見的是利用筆墨或染劑塗改文書文字內容。此時可以利用物理或化學方法來進行鑑識：利用物理方式對文書上的文字進行鑑識，其可行條件必須是：原文用硬性工具書寫且掩蓋物質均勻塗蓋，使得原文的痕跡得以呈現，但這種理想的情況並不多；多數經過塗改的文書必須利用一些技術設備（如紅外線檢測儀器、紫外線燈、顯微鏡等）和一定的化學試劑、玻璃器皿與其他材料，按塗蓋及原文的物理性質，採用合適的方法，才能順利進行鑑識。

鑑識擦刮文書

江琛利用剪貼的方式變造出裴光的謀反信，手段屬於擦刮文書的範圍。所謂擦刮文書，指的是人為利用小刀、橡皮等工具，把原文件上某些文字、數字及圖案擦刮掉，再依變造者主觀意圖添補上所需的文字，以改變原文件內容的一種假文書。擦刮文書的變造者必須要把原文字「除掉」，所以紙張表面纖維被破壞的程度很嚴重。古案中的江琛，使用的是剪貼方式，紙張纖維被嚴重破壞，所以他變造的擦刮文書一遇水就化解開來。因為擦刮文書有紙張纖維遭破壞的明顯特徵，所以特別容易辨識出來。

在鑑識擦刮文書時還必須注意以下幾個重點：其一是紙張，如果紙張表面光滑厚硬，擦刮後就不容易發現所留痕跡；其二是書寫顏料，如果書寫使用不易滲透到紙張內的顏料（如蠟筆、石墨筆等），擦刮痕跡也不易發現；其三是書寫力道，如果力道太小，擦刮之後也不容易發現原來的字跡。所以要避免文書遭到擦刮偽造，紙張可選擇比較薄、書寫可用滲透性比較強之墨水顏料，再加上以較大的力量書寫便可。

鑑識個人化筆跡

筆跡，古稱手跡或墨跡，晉代以後才開始有筆跡的稱謂。中國早在一千多年以前就有關於筆跡判斷的論述，如漢楊雄《法言·問神》即有「言，心聲也；書，心畫也」之說，指出筆跡風格與人格的關係；漢鐘繇〈筆骨論〉提出「筆跡者，界也，流美者，人也」的觀點，強調筆跡和個人美感的關聯性。西元十七至十八世紀，西方的筆相學派也曾提出「筆跡可以反映人的個性」——從筆跡上可以判斷書寫者是好人還是壞人的說法，並認為從筆跡中可以鑑別其是否為罪犯。雖然上述的觀點太過主觀，不免有唯心之虞，但筆跡反映書寫者某些心理特性，卻是有跡可循、有據可依的。

筆跡是書寫者透過書寫動作而形成的文字符號，反映的是書寫者的書寫習慣及其所具有的特徵。形成筆跡的三個要素有：文字符號、書寫工具和書寫活動。手寫的文字符號反映出書寫者獨特的的文化素養和書寫技巧；書寫工具決定了筆跡線條的具體形態和結構；書寫活動反映出書寫者的書寫力和書寫動作模式。這些條件讓每個人的筆跡所反映出來的書寫技能和其習慣完全不同，筆跡也就有了鑑別個人的條件。

不同年齡或健康程度不同的人，其書寫力輕重就不同，書寫動作模式順暢與否也就不同；不同教育水準的人，文字符號所反映出來的美觀程度也不同；擁有不同習慣書寫工具的不同書寫者，寫出來的文字形態也不同。因為書寫人的筆跡具有客觀反映性、總體的特殊性和相對的穩定性，上述筆跡的特性也是筆跡鑑定的重要科學基礎。

鑑識摹仿筆跡

摹仿筆跡文書係指摹仿書寫者按照自己對特定人筆跡特徵的認識，在偽造文書上進行描摹仿寫所形成的近似於特定人筆跡特徵的偽裝筆跡。摹仿書寫者之所以進行摹仿書寫，或是為了方便栽贓嫁禍，或是為了轉移偵查焦點。無論摹仿書寫的目的如何、摹仿對象是誰，都會在摹仿的文字中留下自己的書寫特徵。所以前引古案中的呂元才會因此無法分別自己的真跡與摹仿字跡，露出了馬腳。

摹仿書寫的過程裡，一方面要尋找被摹仿者的特徵字，觀察、分析並短暫記憶被仿寫者的筆跡特徵，一方面又要極力控制自己的書寫動作，不讓原有書寫習慣流露，並在書寫中盡可能把自己觀察到的筆跡特徵描繪出來。這樣的一個摹仿動作，因為不是正常書寫，因此在書寫過程中會出現運筆動作的描繪性（只是照樣「繪畫」）、注意分配原則限制下臨時書寫動作的不連續性（字或筆劃的停頓）、主觀故意改變引導（和被摹仿者的字跡特徵相符性太高）和客觀自由重複再現的矛盾性（特徵字重複性高）、書寫習慣動作的複雜性（字形的書寫不符自由書寫的形態）和主觀認識的侷限性、主觀需要的特定性與客觀條件的不完全性。若接受鑑識的文書出現以上幾個情況，幾乎就可以斷定是利用摹仿筆跡所偽造出來的文書了。

【古代其他相關案例舉隅】

出處	元脫脫等《宋史・元絳傳》
原文	安撫使范仲淹表其（元絳）材，知永新縣。豪子龍聿誘少年周整飲博①，以技勝之，計其貲，折取上腴田，立券。久而整母始知之，訟於縣，縣索券為證，則母手印存，弗受。又訟於州於使者，擊登聞鼓，皆不得直。絳至，母又來訴，絳視券，呼謂聿曰：「券年月居印上，是必得周母他牘尾印，而撰偽券續之耳！」聿駭謝，即日歸整田。
白話意譯	安撫使范仲淹上表報告元絳的才能，元絳即出任永新縣令。當地土豪之子龍聿引誘少年周整吃喝賭博，出老千贏了周整不少，算算周整輸的錢，折換成土地價值，並立下文書想奪取周整家的肥沃田產。很久之後周整母親才知道這件事，到縣裡告官，縣官拿出債券做為證據，因為上面也有周母的手印，所以就不受理這件案子。周母再託人上訴到州府，鳴鼓伸冤也都沒人能查明真相。元絳到任後，周母又來告官，元絳看了債券後傳喚龍聿來：「債券的年月文字是在手印之上，一定是你得到周母其他後面蓋了手印的文書，再假造債券接拼上去的吧！」龍聿聽到後大吃一驚，連連謝罪，當天就把田產還給周整。
注釋	①飲酒博戲。宋歐陽修《歸田錄・卷一》：「楊大年每欲作文，則與門人賓客飲博、投壺、弈棋，語笑諠譁，而不妨構思。」

第肆章 情報蒐集

犯罪偵查人員要能有效辦案，必須仰賴正確且大量的情報。要獲得情報，就必須仰賴可信任的耳目來及時提供。犯罪手段愈高明、犯罪時間愈短暫，偵查人員所能掌握的現場資訊有限，對情報的依賴性也就愈來愈高。情報一方面來自現場證據和案件的目擊證人，一方面也要靠佈建在各行各業的耳目來幫忙蒐集。情報蒐集也因此具有普遍性、長期性、深入性的特質。

情報基本上是一種（對敵）知識及其尋求之活動過程；而其尋求途徑則有秘密蒐集和公開蒐集兩大類。①一份完整的情報，通常是由時間、地點、人員、事情、事因、結果、物、點等要素所構成。其中時間、地點、人員、事情是情報的基本要素，缺少其中的任何一個，情報就會產生不完整②，「情報是決策的耳目」。③根據蒐集情報者的身分不同，犯罪偵查所運用的耳目可以分為線民、臥底；根據獲得情報的手段不同，技巧可以分為跟蹤、監聽。

①張中勇《情報與國家安全之研究》（臺北：三鋒出版社，一九九三年），頁二七。
②張殿清《情報與反情報》（臺北：時英出版社，二〇〇一年），頁四至五。
③蕭銘慶《情報學之間諜研究》（臺北：五南圖書，二〇一四年一月），頁八。

張敞責盜破盜夥 ⊕ 線民

【案例出處】

本文選自東漢班固《漢書・張敞傳》。《漢書》又名《前漢書》，是中國第一部紀傳體斷代史。沿用《史記》的體例而略有變更，改「書」為「志」，改「列傳」為「傳」，改「本紀」為「紀」，無「世家」。全書包括紀十二篇，表八篇，志十篇，傳七十篇，共一百篇，記載了上自西漢漢高帝元年，下至新朝地皇四年，共二百三十年歷史。本案承辦人張敞字子高，西漢河東平陽人。張敞官拜太僕丞，宣帝時任太中大夫，因得罪大將軍霍光，貶為函谷關都尉，漢宣帝時任京兆尹，與楊惲友好，後惲以「大逆」被殺，張敞被罷。又起用為豫州刺史。有治績，無威儀。

【原文及白話意譯】

【原文】

自趙廣漢誅①後，比更守尹，如霸等數人，皆不稱職。京師浸廢，長安市偷盜尤多，百賈苦之。上以問敞，敞以為可禁。

敞既視事，求問長安父老，偷盜酋長數人，居皆溫厚，出從童騎，閭里以為長者。敞皆召見責問，因貰②其罪，把其宿負③，令致諸偷以自贖。偷長曰：「今一旦召詣府，恐諸偷驚駭，願一切受

【白話意譯】

自從能臣趙廣漢因得罪權貴遭到腰斬後，後來繼位的守尹像張霸等人，都不稱職。因此京師的治安愈來愈差，長安市裡偷盜特別嚴重，各行各業都深以為苦。皇帝問張敞有無辦法，張敞認為有辦法可以改善。

張敞視事後，到處訪問長安的父老，得知這些偷盜的首領大概有數人，平時待人十分溫厚，出門騎馬並伴有僮僕，鄉里間僅知道他們是有德的長者。張敞於是把這些首領召來責問，並寬恕他們的罪責，希望有他們的把柄後，能讓這些首領將功

署。」敞皆以為吏，遣歸休。

置酒，小偷悉來賀，且飲醉，偷長以赭④汙其衣裾。吏坐里閭閱出者，汙赭輒收縛之，一日捕得數百人；窮治所犯，或一人百餘發⑤，盡行法罰。由是鼓稀鳴，市無偷盜，天子嘉之。

折罪。首領們說：「今天既然詣府報到，這些小偷大概也受到驚嚇，希望您能授予我們一官半職才好辦事。」張敞應允了他們當小官，再讓他們回家。

這些首領一回到家就準備好水酒，小偷們果然紛紛前來祝賀，而且一個個都喝得爛醉。首領們再拿紅色顏料在這些小偷衣服上做上記號。官吏們再到鄉里間將居民一個個叫出來問話，只要衣服上有紅色記號的，全都抓起來，一天就抓了數百人；窮究他們的罪責犯行，其中有單是一人就被揭發了上百件案子的情況，這些都依法進行了處罰。從此之後警鼓聲便很難聽到，長安市街也沒了盜賊，皇帝十分誇讚張敞的賢能。

① 趙廣漢年少時為郡吏和州從事，漢宣帝即位後，以趙廣漢為潁川郡太守，他誅殺原氏褚氏豪強。任京兆尹時不畏權貴執法，趙廣漢懷疑丞相魏相的夫人殺害女僕，蕭望之彈劾趙廣漢，趙廣漢最終被腰斬。

② 貰，此指赦免、寬恕。《國語・吳語》：「吾先君闔廬，不貰不忍。被甲帶劍，挺鈹搢鐸，以與楚昭王毒逐於中原柏舉。」韋昭注：「貰，赦也。」

③ 負，此指舊欠的債務，也可指拖欠的賦稅或利息。《晉書・武帝紀》：「復天下租賦及關市之稅一年，逋債宿負皆勿收。」

④ 赤紅如赭土的顏料。古人或用以塗面。《詩經・邶風・簡兮》：「赫如渥赭。」鄭玄箋：「赫然如厚傅丹。」

⑤ 發，此指揭露。《管子・正世》：「罪過不發，則是長淫亂而便邪僻也。」

【犯罪偵查原理簡析】

「線民」、「臥底」、「跟蹤」、「監聽」四種偵查過程中取得情報的手段，必須要私底下進行，又統稱「秘密偵查」；中國使用秘密偵查的歷史很早。①而利用「線民」——犯罪分子潛藏於犯罪人士中進行蒐證，除了本文所提及的西漢張敞之外，當朝的王溫舒也使用過：「擇郡中豪敢往吏十餘人為爪牙，皆把其陰重罪，而縱使督盜賊，快其意所欲得。」（《漢書・王溫舒傳》）利用罪犯作為耳目，在打擊團夥偷盜案件中發揮很大的作用。②

線民不是司法人員，但因其遍布在各行各業中，特別是犯罪分子用來掩飾犯行的行業裡。如果能將其中的分子吸收後做為犯罪偵查人員的消息來源管道之一，對犯罪偵查的幫助很大。為了在必要時有合適的線民可以探取情報，偵查人員平時就應該進行情報佈建。

情報佈建③是指基於維護治安之需要，情報佈建不但為犯罪偵查重要手段，且更可收到預防犯罪之目的。加上偵查人員轄區廣大複雜，且事務繁重，人手不足，其偵防觸角難普遍深入社會每一角落，時有鞭長莫及之感。此外，為保持偵查隱密起見，偵查人員固不可隨意暴露其身分，在偵查技巧方面，亦必須借助線民，運用關係，深入刺探，以期蒐集有價值之內線情報。因此偵查人員必須在轄區廣佈眼線，羅致義工或線民，秘密掌握運用，期能有效蒐集犯罪情報及控制治安。

偵查義工或線民，係指懷有各種不同動機與目的之人，主動或被動協助偵查人員，蒐集各種消息與提供情報線索。在犯罪偵查工作中，線民是不可或缺的角色。因此偵查人員必須在社會各階層與各行業，物色適當對象，吸收佈建，使其經常與偵查人員發生情報關係。

偵查義工、線民依其協助偵查工作的動機和目的，可以分成以下幾種類型：④

一、正義型：基於公德心與正義感，認為犯罪不但侵犯大眾法益，而且危害社會治安。因此乃主動提供情報，協助偵查機關除暴安良，以靖地方，甚至在必要時挺身而出。

二、恐懼型：為懼怕同夥陷害與法律制裁，不得不向偵查機關提供情報，冀求本身之利益與安全。此外，一般正當居民，為求其本身安全或安寧計，發現在其周圍附近有不法活動，或經常有不良分子出入，亦會主動提供情報。

三、報復型：由於錢財糾紛或利害關係，如分贓不均、黑吃黑、得不到好處等，或為了女人而爭風吃醋，以及無法得到其所需要物品，如吸毒成癮者，因販毒者對其有顧忌而不願售賣，使其無法取得毒品。基上原因，為報復對方，遂提供情報。

四、剛愎型：基於敵對關係或競爭心理，乃提供對方不法事證資料，目的在消除競爭對象，使其獨霸一方。但應注意其提供虛假情報，藉以轉移偵查單位對其懷疑。

五、自大型：希望結交偵查人員，藉以抬高其身價，使人刮目相看，會主動提供相當份量之情報，以顯示其社會關係良好，並藉以炫耀其地位與重要性。

六、生意型：以金錢為主要目的，而出賣情報，同時亦存有伺機報復的心理。但應特別注意其雙方討好，甚至從違法方面亦得到好處。此外更可能將情報分成若干次出賣，甚或保留最具價值部分，然後提高價錢。

七、悔罪型：對其過去反社會行為表示懺悔，或不齒其同夥所作所為，或認為要遠離罪惡，只有先行擺脫其夥伴，因而提供內幕情報。

八、交換型：基於保護其同夥或親友犯行，乃提供其他集團不法事證資料作為不要深究之交換條件。

九、蠶食型：藉陸續提供情資機會經常到佈建者辦公處走動，藉機索取車馬費花用。

線民所提供的情報是否可靠，有以下幾個判斷依據：

一、線民是否有能力提供情報，或只是為了騙取獎金揑造線索？

二、線民是否有精神障礙（特別是用藥成癮者），將幻想或幻覺當作情報來提供？

三、線民是否急於用錢而將情報多賣，造成多個單位偵辦同一案件，浪費政府資源？

四、線民是否身兼多個單位的線民，迫於各單位施加的壓力，自己製造不實情報？

偵查人員在佈建線民時也要注意：不要反被線民所利用、嚴守公務秘密、對線民的身分保密、真誠對待、用金錢買斷而勿牽扯不清、巧妙運用恩怨和彼此的矛盾來佈建。

① 謝佑平、鄧立軍〈中國封建社會秘密偵查史略考〉，《中國人民公安大學學報》社會科學版二〇〇六年第二期；鄧立軍〈中國近代秘密偵查史稽考〉，《中國人民公安大學學報》社會科學版二〇一〇年第六期。

② 董文哲〈淺析我國古代偵查體制和方法的歷史影響〉，《貴州警官職業學院學報》二〇一三年一期，頁六一。

③ 鄭厚堃《犯罪偵查學》（桃園：中央警官學校出版社，一九八六年初版，二〇〇一年修正版），頁二七一至二七七。

④ 何明洲《犯罪偵查學》（桃園：中央警察大學出版社，二〇一二年），頁九二至九三。

【古代其他相關案例舉隅】

出處	元脫脫等《宋史‧李常傳》
原文	（李常）知鄂州，徙湖、齊二州。齊多盜，論報無虛日。常得黠①盜，刺②為兵，使在麾下，盡知囊括處，悉發屋破柱，拔其根株；半歲間，誅七百人，奸無所匿。徙淮南西路提點刑獄。
白話意譯	李常原本管理鄂州，後來調到湖、齊二州。齊州有很多盜賊，幾乎天天都有人來報案。李常偶然抓到一名聰敏的盜賊，將他收做部屬，讓他在麾下效力。因此盡知盜賊的藏身處，並把這些藏身處加以摧毀、連根拔起；才半年，就殺了七百多個盜賊，使得壞人無所藏匿。李常後來便調升淮南西路提點刑獄。
注釋	①黠，即聰慧、機敏。《後漢書‧南蠻傳》：「外癡內黠，安土重舊。」 ②刺，即探取、採取。《荀子‧正論》：「聖王之生民也，皆使當厚優猶知足，而不得以有餘過度，故盜不竊，賊不刺。」

桑懌扮賊進賊窩—臥底

【案例出處】

本文選自《宋史．桑懌傳》。桑懌為宋武職官員，開封雍丘人。歷任郟城尉、永安巡檢與涇源路兵馬督監。駐紮於鎮戍軍。慶曆元年與任福等一同戰死好水川。桑懌為人不善言辭，看似害羞，卻善於使用鐵劍與鐵鐗。勇氣智慧過人，緝捕盜賊有特殊功勳。

【原文及白話意譯】

【原文】

明道末，京西旱蝗，有惡賊二十三人。樞密院召懌至京師，授以賊名姓，使往捕。懌曰：「盜畏吾名，必潰，潰則難得矣，宜先示之以怯。」至則閉柵，戒軍吏不得一人輒出。居數日，軍吏不知所為，數請出自效，輒不許。夜，與數卒變為盜服以出，跡盜所嘗行處。入民家，民皆走，獨一媼留，為具飲食，如事群盜。懌歸，閉柵三日，

【白話意譯】

明道末年，京西因為蝗蟲成災，因此出現二十三人組成的強盜集團。樞密院召桑懌來到京師，並把集團名單交給他，要他去圍捕。桑懌說：「強盜們害怕我，一定四散逃跑，跑了就很難一舉成擒，應該先向他們示弱才對。」於是把官府柵門關上，並告戒軍吏一個也不能出門。等了好幾天，軍吏不曉得桑懌的用意，好幾次要求出任務都不被桑懌允許。到了晚上，桑懌和幾名士卒穿上盜賊的衣服出門，將盜賊們可能會行經的路線給走一遍。進到百姓家，大家都嚇得逃走，只有一個老

復往，自攜具就媼饌，而以餘遺媼，媼以為真盜。乃稍就媼，與語及群盜，一媼曰：「彼聞桑殿直來，皆遁去。近聞閉營不出，知其不足畏，今皆還矣，某在某處。」

懌又三日往，厚遺之，遂以實告曰：「我桑殿直也，為我察其實而慎勿泄。」後三日復來，於是媼盡得居處之實以告。懌明日部分①軍士，盡擒諸盜。其尤強梁②者，懌自馳馬以往，士卒不及從，惟四騎追之，遂與賊遇，手殺三人。凡二十三人者，一日皆獲。

婦人留下來，還幫他們準備了飲食，就像她對待那些盜賊一樣。桑懌等人吃完後就回府，關閉官府三天後再去，還帶了一些珍貴器物去老婦人那裡作為烹食之用，用完就把它們送給老婦人，老婦人真以為桑懌等人就是盜賊。桑懌才稍稍親近老婦人，並向他問到那些盜賊的下落。婦人之一說：「他們一知道桑殿直來，全都逃跑了。最近聽到桑殿直閉門不出，發現他一點也不可怕，全都回到自己根據地去了，像某盜就在某處。」

過三天桑懌等人又去拜訪老婦人，再送她大禮，並告訴他實話：「我就是桑殿直，你幫我去查明盜賊的下落，千萬不要洩漏此事。」過了三天再來，老婦人便把她全都搞清楚的所有盜賊下落加以報告。

桑懌隔天就部署了軍士，把這些盜賊一網打盡。其中尤為猛壯的，桑懌還親自馳馬追緝，士卒來不及追上，只有四名騎兵跟上，和盜賊遭遇後桑懌親手殺了三人。這盜賊集團二十三人在一天之內全都被捕獲。

---

① 部分，此指部署、安排。《後漢書．馮異傳》：「及破邯鄲，乃更部分諸將，各有配隸。軍士皆言願屬大樹將軍，光武以此多之。」

② 強梁，指強健有力。《老子》：「強梁者不得其死。」魏源本義：「焦氏竑曰：『木絕水曰梁，負棟曰梁，皆取其力之強。』」

【犯罪偵查原理簡析】

內線工作，就是派人臥底或偽裝，視案情需要，秘密派員臥底或佈置內線，混入不法集團內部，深入偵查蒐證。又稱間諜偵查。①為了對抗難以破獲的重大組織犯罪，用盡其他偵查措施仍無效果，在萬不得已時可能採取臥底偵查措施。

本案承辦人桑懌接了一個棘手的案子，二十三人組成的強盜集團橫行鄉里，卻無人知道他們的下落。於是桑懌先示弱，讓盜賊失去戒心，再將自己也扮成盜賊，去出入盜賊可能出沒的地方。多次臥底之後果然探到盜賊的各個落腳處，予以一網打盡。臥底的技巧不止運用於蒐集可將嫌疑人定罪的犯罪證據，也可試探嫌疑人是否有冤。清魏息圓的《不用刑審判書》中記載了這樣一個獄內偵查的案例，一婦女以「逼死婆母罪」被判處死刑，縣令認為案情可疑，於是將某差役之妻押入該婦女的牢房，同時派人去牢房門口偷聽兩人的談話內容，最終查明案情，得知被判死刑的婦女無罪。②

臥底偵查手段如果兼顧人民自由權利的保障，應該被允許。我們可以這麼說，要有效抗制組織犯罪，完全捨棄臥底偵查手段，是不可想像的。警察偵查犯罪或犯行追緝的任務將失去意義，高談人民自由權利的保障無異緣木求魚。③

一、臥底的目的④

（一）查明犯罪行為是否已實施完成，或仍在計劃準備階段。

（二）查明所有參與者姓名、身分、背景關係資料。

（三）蒐集具體犯罪證據，俾提供庭證。

（四）查明贓證或違禁品藏置處所，以供執行搜索參考。

（五）查明主犯或必須逮捕之犯人匿居地點與其平時的生活交往活動情形。

（六）使用車輛或其他犯罪工具等資料，以供突擊或逮捕行動之依據。

（七）秘密在其內部建立關係，培養可以合作之線民。

我國《臥底偵查法草案》第九條規定：「臥底偵查員於臥底期間蒐集之證據，其證據能力依刑事訴訟法之規定。」刑事偵查機關運用臥底偵查所取得的證據，只要不是由臥底者積極的以虛偽事實造成犯罪嫌疑人自陷錯誤而做出不利於己的陳述，臥底者只以消極的利用其錯誤而獲取供述證據，應都具有證據能力。⑤

二、臥底的訓練

臥底警探是經過嚴格篩選且合乎規定條件下，所特別挑選出來的警察人員或調查人員，在經過特別訓練合格之後，分別依其個性、專長等，運用化名、掩飾身分而分派至各類難以偵查之有組織、有計謀或是特別危險之犯罪集團中潛伏其內進行臥底偵查工作。任務分配之衡量，應以人民自由、權力與社會秩序、社會大眾權利、秩序為優先，非以警察偵辦為優先。有別於不具司法警察身分之線民或是涉及國家安全或國防機密等工作上的臥底人員。⑥

ＦＢＩ實施「臥底警探」的二十項基本做法為：⑦提供別名、化名及假證件並告知如何使用；人員需經心理評估以瞭解是否適任；告知人員必須遵守事項；經驗傳授；團體教授、交流；教授通訊技巧；熟悉武器操作；吸收一般對付組織及白領犯罪的技巧；應對進退之訓練；告知如何與其他線民或人員連絡、回報；如何控制證人；熟知法令；基本配備、機械之使用訓練；教授疏解壓力之方法，並避免被幫派分子洗腦；測驗毒品之技巧；財務及資金運用；臥底失敗案例分析；實際演練；模擬法庭訓練；課程綜合討論。

三、臥底的注意事項⑧

（一）決不同意在有可能揭穿臥底人員身分的環境中見面。

（二）決不提供易於求證或反駁的情資。

（三）決不揚言曾是囚犯。

（四）決不聲稱不具有的才能或技術。

（五）決不與相關對象有性接觸。

（六）絕不使用執法人員的行話。

①鄭厚堃《犯罪偵查學》（桃園：中央警官學校出版社，一九八六年初版，二〇〇一年修正版），頁二七一至二七七。

②董文哲〈淺析我國古代偵查體制和方法的歷史影響〉，《貴州警官職業學院學報》二〇一三年一期，頁六二。

③傅美惠《臥底偵查之刑事法與公法問題研究》（臺北：元照出版，二〇〇一年），頁五六至五七。

④鄭厚堃《犯罪偵查學》（桃園：中央警官學校出版社，一九八六年初版，二〇〇一年修正版），頁三一〇。

⑤張偉宏《論臥底偵查之證據能力》，基隆：國立臺灣海洋大學海洋法律研究所碩士論文，二〇一〇年。

⑥何明洲《犯罪偵查學》（桃園：中央警察大學出版社，二〇一二年），頁一〇一。

⑦何明洲《犯罪偵查學》（桃園：中央警察大學出版社，二〇一二年），頁一〇五至一〇六。

⑧何明洲《犯罪偵查學》（桃園：中央警察大學出版社，二〇一二年），頁一〇一。

【古代其他相關案例舉隅】

出處

元脫脫等《宋史・桑懌傳》

原文

天聖中，河南諸縣多盜，轉運使奏移澠池尉。群盜保①青灰山，時出攘剽。有宿盜王伯者，尤為民害，朝廷每授巡檢使②，必疏姓名使捕之。懌至官，巡檢偽為宣頭③以示懌，牒④招致之。懌不知其偽也，因挺身入賊中，與伯同臥起十餘日。伯遂與懌出至山口，為巡檢伏兵所執，懌幾不免。懌曰：「巡檢懼無功爾！」即以伯與巡檢，使自為功。巡檢俘獻京師，而懌不復自言。朝廷知之，為黜巡檢，擢懌右班殿直、永安縣巡檢。

白話意譯

宋天聖年間，河南諸縣出現很多盜賊，轉運使把這個案子移交澠池尉處理。這群盜賊以青灰山為據點，常常出山搶劫。其中有個強盜頭子叫王伯，造成的禍害很大，朝廷每次任命巡檢使，一定會提到王伯的名字，希望能抓到他。桑懌初到此任官時，巡檢假裝得到中央的同意，要向王伯召安。桑懌不知道這文書是假的，於是跑到盜群裡向王伯等同黨說明，並和王伯一起生活了十幾天。等到王伯將桑懌送到山寨口，就被巡檢的伏兵抓了起來，桑懌也差點死在自家人的刀下。他說：「巡檢大概擔心功勞會被我搶走吧！」於是把王伯交給巡檢，讓他去請功。後來巡檢將王伯等押解京師，桑懌也不說明自己的功勞。朝廷知道這件事情後，罷黜了巡檢，拔擢桑懌出任右班殿直、永安縣巡檢。

注釋

①保，此指占有、擁有。《詩經．唐風．山有樞》：「子有鍾鼓，弗鼓弗考。宛其死矣，他人是保。」鄭玄箋：「保，居也。」朱熹集傳：「保，居有也。」

②官署名巡檢司，官名巡檢使，省稱巡檢。始於五代．後唐莊宗。宋時於京師府界東西兩路，各置都同巡檢二人，京城四門巡檢各一人。又於沿邊、沿江、沿海置巡檢司。掌訓練甲兵，巡邏州邑，職權頗重，後受所在縣令節制。

③晚唐樞密使自禁中受詔，出付中書省，稱為「宣」。到五代．後唐時，不由中書省，直接發至樞密院者亦稱為「宣」，小事則發「頭子」，又稱「宣頭」。見宋沈括《夢溪筆談．故事一》。《續資治通鑑．宋仁宗皇祐四年》：「己卯，降空名宣頭、劄子各一百道，錦襖子、金銀帶各二百，下狄青以備賞軍功。」

④牒在此指授予官職的文書。《漢書．匡衡傳》：「平原文學匡衡材智有餘，經學絕倫，但以無階朝廷，故隨牒在遠方。」顏師古注：「隨牒，謂隨選補之恒牒，不被超擢者。」

王璥隔門悉奸情 ◎ 監聽

【案例出處】

本文選自宋李昉《太平廣記・精察一・王璥》。《太平廣記》是一部大型類書，基本上是一部按類編纂的古代小說總集，凡五百卷，共分九十二大類，下面又分一百五十多小類，其中以神仙、鬼、報應、神、女仙、定數、畜獸、草木、再生、異僧、徵應等十一類約佔全書之半。本案承辦人王璥生平不詳。

【原文及白話意譯】

【原文】

貞觀中，左丞李行廉，弟行詮，前妻子忠，烝①其後母，遂私將潛藏。云敕追入內；行廉不知，乃進狀。②奉敕推詰峻急，其後母詐以領巾勒項，臥街中。長安縣詰之，云：「有人詐宣敕喚去，一紫袍人見留數宿，不知姓名，勒項送置街中。」

忠惶恐，私就卜問，被不良人③疑之，執送縣。縣尉④王璥引就

【白話意譯】

唐貞觀年間丞李行廉，他的弟弟李行詮，和前妻生了個兒子叫李忠，李忠和後母私通，還偷偷將後母藏起來。官員奉命追進李家，李行廉並不知姪子藏後母的事，便去告狀。由於官員受了上級的指令，對此案審問得特別積極，李忠後母便謊稱有人用領巾勒住她脖子，把她丟棄到街上去。長安縣令詰問，後母說：「有人詐騙我說長官有令叫我前去，到了只見一個穿著紫袍的人留我住了幾宿，並不知他的姓名，後來勒了我脖子就把我丟到街上了。」

房內，推問不承。璥先令一人伏案褥下聽之，令一人報云：「長使喚」，璥鎖房門而去。子母相謂曰：「必不得承並私密之語。」璥至開門，案下人亦起。母子大驚，並具承伏法。

李忠為此十分惶恐，還去卜問吉凶，也因此被負責偵緝的小吏所懷疑，把李忠也抓到縣衙內。縣尉王璥將李忠帶到房內，加以詢問，李忠都不承認。王璥先叫一人躲在桌巾下偷聽，再叫一人來報告：「長使傳喚您」，王璥聽了就鎖上房門去應命。李忠和後母看了就互相提醒對方：「千萬不要承認我們私通的事。」王璥馬上開門進來，原先躲在桌下的人也起身，李忠和後母嚇了一大跳，便全都認罪了。

① 烝，此指下淫上，特指與母輩通奸。《左傳・桓公十六年》：「衛宣公烝於夷姜。」杜預注：「夷姜，宣公之庶母也。上淫曰烝。」

② 進狀，指呈上訴狀。《初刻拍案驚奇・卷二》：「那潘公、潘婆死認定了姚家藏了女兒，叫人去接了兒子來家，兩家都進狀，都准了。」

③ 不良人為唐代官府管偵緝逮捕的小吏。清梁章鉅《稱謂錄・隸》引《說鈴續》：「緝事番役，在唐稱為不良人，有不良帥主之，即漢之大誰何也。」

④ 宋代縣尉的職能可參張月峰《宋代縣尉制度研究》，濟南：山東大學法學碩士論文，二〇一三年三月。

【犯罪偵查原理簡析】

古時候的監聽並不像今日會有侵犯個人隱私權的顧慮。①特別在犯罪事證明確，但又無法取得犯罪嫌疑人的口供時，古代犯罪偵查人員會製造讓嫌疑人串供的機會，再從旁監聽，以取得嫌疑人的自招。本案承辦人王儆即是假意長官召見，使公堂空無一人，讓通姦兩造串供，再行現場突襲糾檢，使得通姦兩造百口莫辯。這種監聽方式除了用在公堂外，有時也會用在獄中：案件承辦人先將嫌疑人等關押在一塊，再從旁刺探他們的對話，藉以瞭解是否有冤情。

今日犯罪偵查過程中爭取監聽的手段，其目的有：②

一、瞭解犯罪組織建構：犯罪組織建構，若欲僅靠情報諮詢（佈線）或查察方式欲全盤瞭解相當不易，尤其組織性、習慣性、專業性犯罪及重要逃犯均有其隱秘性，打入不易。因此唯有從通聯分析切入來辨明成員之間，主或從關係與其內部結構狀況較能奏效。

二、掌握犯罪活動狀況：調閱通聯資料從基地台位置變換即可分析出對象一天當中作息狀況及生活習性。

三、蒐集不法事證：通聯分析目的主要是蒐集對象不法事證，案件偵查觀念必須堅持蒐證齊全後再執行搜索逮捕動作，否則習慣犯、專業犯，若事先沒有掌握其不法事證，在偵訊突破上欲讓其吐實，有如登天之難。

四、確定對象行蹤：從通聯打出打入電話可以分析出對象現在行蹤。

五、釐清犯罪事實：從通聯資料內容可有效看出是否涉案。

此外，監聽的內容還能提供偵訊突破的依據、法庭偵審的依據、可供搜尋的可疑犯案對象與電話。

① 陳俊宏〈檢策我國犯罪偵查對個人資料隱私的侵犯〉，《警專學報》五卷三期，二〇一二年四月，頁七三至一〇〇。

② 何明洲《犯罪偵查學》（桃園：中央警察大學出版社，二〇一二年），頁一一三至一一五。

【古代其他相關案例舉隅】

出處	原文	白話意譯
五代和凝父子《疑獄集》	莊遵初為長安令，後遷為揚州刺史。性明察，嘗有陽陵女子與人殺其夫，其叔覺乃來赴賊，女子即以血塗叔，因大呼曰：「奈何欲愛於我而殺其兄？」即便告官。官司拷其叔太過，因而自誣其罪。遵察之，乃謂吏曰：「叔為大逆①，速置於法；可放嫂歸。」攝令②人夜中察於嫂壁下聽之。其夜，奸者果來問曰：「刺史明察，見叔寧疑之邪？」嫂曰：「不疑。」因相與大喜。吏即擒之，叔遂獲免。	莊遵一開始擔任長安令，後來調為揚州刺史。他能明察秋毫，陽陵曾發生女子和他人串通殺夫的案子，小叔知道後前來抓人，女子即用死者的血塗在小叔身上，還大叫：「你為何愛我愛到殺死你哥哥？」再向官府告狀。官員拷問小叔太過嚴重，小叔只好承認了這個不是自己做的案子。莊遵發現這案子有疑，便跟下屬說：「這小叔犯了大逆不道的罪，快點讓他正法；可以把他嫂嫂給先放回去。」再要求手下夜裡到嫂嫂家牆下偷聽。當天晚上姦夫果然前來關切：「刺史是個明白人，曾經懷疑過妳的小叔不是兇手嗎？」嫂嫂回說：「未曾懷疑。」門外官吏於是拘捕了他們，小叔因此而免於被冤枉。

注釋

①大逆，舊時稱呼危害君父、宗廟、宮闕等罪的行為。《戰國策．楚策一》：「夫外挾強秦之威，以內劫其主，以求割地，大逆不忠，無過此者。」

②攝，此指委派。南朝．梁任昉《奏彈曹景宗》：「其軍佐職僚，偏裨將帥，絓諸應及咎者，別攝治書侍御史隨違續奏。」

出處

明宋濂等《元史．胡長孺傳》

原文

長孺白事帥府歸，吏言有姦事，屢問弗伏者。長孺曰：「此易易爾。」夜伏吏案下，黎明，出姦者訊之，辭愈堅，長孺佯謂令長曰：「頗聞國家有詔，盍迎之。」叱隸卒縛姦者東西楹①，空縣而出，庭無一人。姦者相謂曰：「事至此，死亦無承，行將自解矣。」語畢，案下吏嘩而出，姦者驚，咸叩頭服罪。

白話意譯

胡長孺剛從師府報告完回來，下屬提到有一通姦案，不管怎麼問，疑犯都不承認。胡長孺說：「這事好處理。」晚上讓下屬藏在桌下，等到隔天一早，提出通姦者來訊問，疑犯否認的言辭更加堅定，胡長孺便假裝長官來臨說：「剛聽到朝廷有事要下詔指示，得去迎旨。」再叫隸卒將通姦二造各綁在堂前東、西楹柱上，率領全縣大小官員而出，公堂之上一個人也不留。這二名通姦疑犯便對著彼此提醒說：「事情已經搞成這樣，就算死也千萬不能承認，很快我們就會被釋放了。」才剛講完，躲在桌下的小吏大叫著衝出來，通姦疑犯受到嚇驚，一併叩頭認罪了。

注釋

①楹，即廳堂的前柱。《詩經・小雅・斯干》：「殖殖其庭，有覺其楹。」孔穎達疏：「有覺然高大者，其宮寢之楹柱也。」

無名躡後發假塚——跟蹤

【案例出處】

本文選自宋李昉《太平廣記・精察一・蘇無名》。蘇無名即牛肅，約唐德宗貞元末前後在世。事蹟不詳。撰有唐代第一部小說集《紀聞》十卷傳於當代。

【原文及白話意譯】

【原文】

天后時，嘗賜四太平公主細器寶物兩食合①，所直黃金千鎰。公

【白話意譯】

武則天掌政時曾送給太平公主細器寶物裝滿兩食盒，價值黃金千鎰。公主將之

主納之藏中。歲餘取之，盡為盜所將矣。公主言之，天后大怒，召洛州長史謂曰：「三日不得盜，罪。」長史懼，謂兩縣主盜官曰：「兩日不得賊，死。」尉謂吏卒游徼②曰：「一日必擒之，擒不得，先死。」吏卒游徼懼，計無所出。

衢中遇湖州別駕③蘇無名，相與請之至縣。游徼白尉：「得盜物者來矣。」無名遽④進至階，尉迎問故。無名曰：「吾湖州別駕也。入計⑤在茲。」尉呼吏卒何誣辱別駕，無名笑曰：「君無怒吏卒，抑有由也。

藏在家中，過了一年多想拿來用，已經全被盜匪給拿走了。公主向武則天提及這件事，武則天大怒召來洛州長史說：「三天抓不到賊，就追究你的罪。」長史十分害怕，便跟轄下兩縣的主盜官說：「二天抓不到賊，死罪。」縣尉再跟負責偵緝的小官們說：「一天之內一定要抓到，抓不到你們得比我先死。」小官們怕得要死，卻沒有任何辦法。

路上剛好遇到湖州別駕蘇無名，小官們請他到縣衙內，再向縣尉報告：「能找到失物的人來了。」無名很快地走上公堂，縣尉一邊迎他進去一邊問他怎麼在這。無名說：「我是湖州別駕，這次是進京敘職才在京內。」縣尉呼罵吏卒怎敢擔誤打擾蘇別駕，無名笑著說：「您不要無名歷官所在，擒姦擿伏有名。每偷，至無名前，無得過者。此輩應先聞，故將來，庶解圍耳。」

尉喜，請其方。無名曰：「與君至府，君可先入白之。」尉白其故，長史大悅。降階執其手曰：「今日遇公，却賜吾命，請遂其由。」無名曰：「請與君求見對玉階⑥，乃言之。」於是天后召之，謂曰：「卿得賊乎？」無名曰：「若委臣取賊，無拘日月，且寬府縣，令不追求，仍以兩縣擒盜吏卒，盡以付臣，臣為陛下取之，亦

對吏卒生氣，他們請我來是有緣故的。凡是我任官之處，都因為我懂得抓壞人並使之認罪而出名。每一名偷盜，只要到我面前，無所遁形。這些吏卒應該有聽過我，所以將我請來幫他們解圍的。」

縣尉聽了十分高興，請教蘇無名方法。無名說：「我先和你去州府，你先幫我去向長吏稟報。」縣尉前去州府稟報後，長史聽了很寬心，走下階臺握著無名的手說：「今天遇到您，等於讓我們重獲新生，一切照您說的去做。」無名說：「請您和我前去朝廷拜見天后，我再說要怎麼做。」於是武則天召見他們，問說：「您能抓到賊嗎？」無名說：「如果委由臣來抓賊，希望不要定下期限，並對府縣加以寬限，也不要下令追緝，但仍將兩縣

不出數十日耳。」天后許之。

無名戒吏卒緩則相聞⑦。月餘，值寒食，無名盡召吏卒，約曰：「十人、五人為侶，於東門北門伺之。見有胡人與黨十餘，皆衣縗經⑧。相隨出赴北邙者，可踵之而報。」吏卒伺之果得，馳白。無名往視之，問伺者：「諸胡何若？」伺者曰：「胡至一新塚，設奠，哭而不哀。亦撤奠，即巡行塚旁，相視而笑。」無名喜曰：「得之矣。」因使吏卒盡執諸胡而發其塚。塚開，剖棺視之，棺中盡寶物也。

擒盜的吏卒交由臣來統領，臣為天后您抓賊，也用不著數十天。」天后聽了便同意無名的建議。

無名告戒手下吏卒爭相傳話說放緩追緝。過了一個多月是寒食節，無名將所有吏卒集合起來，加以約束說：「十到五個人為一組，分別到東門和北門埋伏。看到有胡人和黨羽十幾人，身上穿喪服打算到北邙山掃墓的，趕快來向我報告。」吏卒埋伏後果然看到這群人，立馬去報告。無名趕去現場，問跟蹤的人說：「這些胡人去哪裡了？」跟蹤的人說：「他們到一座新墳旁，設下拜奠的祭品，雖然哭了但卻不顯得哀傷。後來撤走祭奠用品，在墳旁巡行一圈，相互看了看就大笑。」無名高興的說：「知道贓物在哪了。」以此線奏之，天后問無名：「卿何才智過人，而得此盜？」對曰：「臣非有他計，但識盜耳。當臣到都之日，即此胡出葬之時。臣亦見即知是偷，但不知其葬物處。今寒節拜掃，計必出城，尋其所之，足知其墓。賊既設奠而哭不哀，明所葬非人也；奠而哭畢，巡塚相視而笑，喜墓無損傷也。向若陛下迫促府縣。賊計急，必取之而逃；今者更不追求，自然意緩，故未將出。」天后曰：「善！」賜金帛，加秩⑨二等。

索令吏卒把這些胡人全抓起來，再掘開墳墓。墓一挖開再把棺木剖開來看，棺木中裝滿了寶物。

案子一破便向上稟報。武則天問無名：「您怎麼能這麼聰明，抓到這撥盜賊呢？」無名回答：「臣並非有什麼奇妙計謀，只是認得這撥賊。當臣到京都之時，剛好遇到這批胡人出葬。臣一看就知道他們是小偷，只是不知道他們把贓物埋藏在何處。今天剛好是寒食節掃墓的時候，猜想他們應該會出城確認埋寶之處，追尋他們去的地方，就知道他們藏東西的墓穴了。盜賊們既然設奠祭拜卻不難過，推知墓裡葬的不是人；拜完哭完，巡視墳墓一圈卻相視大笑，這表示他們高興墓穴並未遭盜。當時如果天后您迫促府縣太急。盜賊們一緊張，一定很快便去將贓物起出逃命去；現在故意不嚴加追捕，他們自己鬆懈，所以沒把贓物給帶走。武則天誇讚無名：「做得好！」並賞賜給無名金帛，還給晉官二級。

① 合，指盛物之器，即盒子。北魏賈思勰《齊民要術．種槐柳楸梓梧柞》：「（梓）十年後……車、板、盤、合、樂器，所在任用。」石聲漢注：「『合』，即現在的『盒』字。」
② 徼，即巡卒。《史記．平準書》：「新秦中或千里無亭徼。」裴駰集解引如淳曰：「徼，亦卒，求盜之屬也。」
③ 別駕是中國古代職官名。漢制，為州刺史的佐官，因隨刺史巡行視察時另乘車駕，故稱為別駕。隋唐曾改稱為長史，後又復原名，二名稱在後代時常互換。
④ 遽，指趕快、疾速。《莊子．天地》：「厲之人夜半生其子，遽取火而視之，汲汲然唯恐其似己也。」成玄英疏：「遽，速也。」
⑤ 入計，指地方官入京聽候考核。《新唐書．張知謇傳》：「萬歲通天中，自德州刺史入計。」
⑥ 玉階，借指朝廷。《文選．張衡〈思玄賦〉》：「勉自強而不息兮，蹈玉階之嶢崢。」舊注：「玉階，天子階也。言我雖欲去，猶戀玉階不思去。」
⑦ 相聞，指互通信息、互相通報。《後漢書．隗囂傳》：「自今以後，手書相聞，勿用傍人解構之言。」
⑧ 縗絰，名詞指喪服；動詞指服喪。晉葛洪《抱樸子．論仙》：「夫有道者視爵位如湯鑊，見印綬如縗絰。」
⑨ 秩，於此指官職、品位。《左傳．文公六年》：「委之常秩。」杜預注：「常秩，官司之常職。」

【犯罪偵查原理簡析】

在處理重大財物竊案或擄人勒贖案件時，因為投鼠忌器，知道犯罪嫌疑人卻不加以逮捕，為的就是要獲悉財物或人質的下落。本案蘇無名在進城的時候已經觀察到一批胡人可能是太平公主財物竊案的嫌疑人，但由於擔心胡人逃亡，造成財物難以追回，他先按兵不動，再用「圍師必缺」的做法，讓胡人放心到郊外假塚去確認盜得的財物，於是一舉剿清盜賊集團，也順利起出贓物。

除了投鼠忌器得用跟蹤作為犯罪偵查情報蒐集的手段外，另外也有一種情況是偵查人員所掌握到的嫌疑人僅佔所有犯罪集團的一小部分。為了將整個集團連根拔除，勢必得讓犯罪嫌疑人再悠活一陣子。在上述這幾種情況之下，必須使用跟蹤監視的手段來取得財物、人質及其他犯罪同伙的下落。

一、跟蹤的意義①

跟蹤就是根據情報或調查資料，對特定之人、時、地、事、物等對象或目標，進行連續的秘密觀察與跟隨蒐證行動，以便蒐集與犯罪有關之各種不法活動資料與線索及證據，並配合內線工作，暗中保護臥底潛伏人員之安全。過程中要注意：比照當地居民衣著舉止、避免穿戴顯眼配件、小心武器及無線電顯露、帶帽與眼鏡視情況變裝、約定信號、切忌接觸到跟蹤對象的眼神、被識破切忌回辦公室或回家、準備被識破時的藉口。

二、跟蹤的目的

蒐集從事犯罪的證據、蒐集對象之不法企圖（活動範圍及其計畫內容）、找出藏匿之不法物品、證實有無其他共犯、查明一切供犯罪嫌疑人實施犯罪活動的隱蔽場所、蒐集有關對象及同夥的不法活動資料、支援其他偵查作為。②

三、跟蹤的分類和技巧③

（一）分類

監視跟蹤可分為靜態監視、動態監視（跟蹤）、透過通訊設備所進行的電子監視。

1動態跟蹤：跟蹤乃偵查人員為達成偵查犯罪任務，對特定人或物等偵查對象所作的一種秘密而持續的觀察活動，屬「流動觀察」或「動態觀察」，目的在發現犯罪嫌疑人之不法行為，並掌握可能犯罪之證據及共犯等。

2靜態監視：係為偵查人員為達偵查犯罪任務，對特定人、事、地、物等對象實施秘密而持續的觀察，屬「固定觀察」或「靜態觀察」，目的在瞭解對象之活動情形，並防止其逃亡及湮滅證據。

（二）技巧④

化裝監視；內線監視；訪問監視；租屋監視；分頭監視；郵電監視。跟蹤前的功課有：研析任務、認識對象、瞭解環境、編組分工、指揮系統之確認、移動要領確認、歹徒動向預測、偽裝之工具及合適交通工具準備等等。

①鄭厚堃《犯罪偵查學》（桃園：中央警官學校出版社，一九八六年初版，二〇〇一年修正版），頁二九一至二九二。
②何明洲《犯罪偵查學》（桃園：中央警察大學出版社，二〇一二年），頁一五二。
③樵林《犯罪偵查》（臺北：學儒數位，二〇一〇年），頁二二三。
④王乾榮《犯罪偵查》（臺北：臺灣警察專校，一九九一年初版，二〇〇四年修訂三版六刷），頁一一二至一一三。

【古代其他相關案例舉隅】

出處

明馮夢龍《智囊全集》

原文

溧水人陳德，娶妻林歲餘，家貧傭於臨清；林績麻自活。久之，為左鄰張奴所誘，意甚相愜①。歷三載，陳德積數十金，囊以歸。離家尚十五里，天暮且微雨。德慮懷寶為累，乃藏金於水心橋第三柱之穴中，徒步抵家。

而林適與張狎，聞夫叩門聲，匿牀下。既夫婦相見勞苦，因敘及藏金之故。比晨往，而張已竊聽，啓後扉出，先掩②有之矣。林心不在夫，既聞亡金，疑其誑③，怨詈④交作。

時署縣事者晉江吳復，有能聲，德為訴之，吳笑曰：「汝以腹心向妻，不知妻別有腹心也！」拘林至，嚴訊之，林呼枉；德心憐妻，願棄金，吳叱曰：「汝詐失金，戲官長乎？」置德獄中，而釋林以歸，隨命吏人之黠者為丐容，造林察之。得張與林私問慰狀。吳並擒治，事遂白。

白話意譯

溧水人陳德取了林歲餘當老婆，由於家貧，陳德只好到臨清當長工；林歲餘則自己織布養活自己。單身生活過久了，林歲餘便受到左鄰張奴的誘姦，兩人好不愜意。三年後，陳德積累了數十金的工資並打包回家。離家還有十五里，天既暗了又飄起細雨。陳德擔心身上有錢會招來殺身之禍，於是把錢藏在水心橋第三根橋柱的空洞中，再徒步回家。

白話意譯

陳德正要回家，房裡的林歲餘和張奴正在親熱，聽到老公敲門，張奴便躲到牀下。夫妻久別不見，互相慰勞安撫，陳德並提到把薪水藏在起來的這件事。等到隔天一早，因為張奴已經竊聽到藏金之處，先一步開了後門離開，偷偷的把錢據為己有。由於林歲餘的心並不在老公身上，一聽到錢沒找著，懷疑老公誑騙自己，不斷的咒罵老公。當時主管縣事的人是晉江吳復，他因有才能而聲名在外，陳德前往伸訴，吳復笑著說：「你向老婆掏心掏肺，但不知老婆心在別人身上呀！」把林歲餘拘提來，嚴加審訊，林歲餘大喊冤枉；陳德心疼老婆，便不想再追究失金之事，吳復叱罵他說：「你騙我掉了錢，能這樣耍長官嗎？」再把陳德關押起來，並把林歲餘給放回去，再叫一名聰敏的下屬裝扮成乞丐的樣子跟在後頭，觀察林歲餘的動向。後來看到張奴安撫林歲餘的情狀，吳復便把這二人抓起來，案子就真象大白了。

注釋

①愜，指快心，滿足。《戰國策．燕策二》：「望諸君乃使人獻書報燕王：……先王以為愜其志，以臣為不頓命，故裂地而封之。」

②掩，在此指盡也。《禮記．曲禮下》：「國君春田不圍澤，大夫不掩群，士不取麛卵。」孔穎達疏：「大夫不掩群者，群謂禽獸共聚也。群聚則多，不可掩取之。」

③誑，指惑亂、欺騙。《禮記．曲禮上》：「幼子常視毋誑。」鄭玄注：「小未有所知，常示以正物，以正教之，無誑欺。」

④詈，即怨恨咒罵。《尚書．無逸》：「小人怨汝詈汝，則皇自敬德。」

第伍章

常用偵查謀略

中國在犯罪偵查中使用兵法謀略的歷史很早，這是因為中國古代軍警不分。軍事將領大多兼負有執法辦案的職能。據《尚書．舜典》記載：「帝曰：『皋陶，蠻夷猾夏，寇賊奸宄，汝作士。』」奸宄，指犯上作亂之人；奸，邪惡詐偽之人；宄，內盜之人。意即邊境外族不斷侵犯中原、為非作歹，部落內部各種竊盜賊殺現象屢禁不止，嚴重威脅人民生命財產的安全，在社會秩序不穩定的情況下，舜任命皋陶為「士」，負責對外防禦蠻夷入侵，對內維護社會治安，揭露犯罪，實施刑罰。皋陶所擔任的士，應當具有兩個方面的職能：一是對外的軍事防禦，打擊外敵入侵，保衛夏王朝的國家安全和鞏固其統治地位；二是對內的員警職能，打擊「寇賊奸宄」，維護夏朝奴隸制社會秩序的穩定。「士」的一官兩職充分說明了中國傳統的軍警不分的格局從一開始就是如此，後世的廷尉、都尉、校尉以及衛、戍、執金吾等官職，均兼軍事、國家安全保衛與偵緝犯罪職能於一身。①

軍事策略思想有著悠久的歷史，是中華民族寶貴的文化遺產。中國古代軍事策略的發達與古代激烈的政治、軍事鬥爭密切相關。而由於偵查工作與軍事鬥爭的態勢大體一致，加之在我國古代和近代的訴訟體制中，偵查的職權機構與行政、司法、軍事職能機構多是緊密聯繫在一起的，甚至合而為一，軍事策略在偵查領域中有著較為理想的適用環境，因此，高度發達的軍事策略思想自然而然地被引入了司法領域以及偵查實踐之中並轉化成偵查策略。②

綜觀中國古代偵查謀略的特點，集中體現在一個「變」字，強調以「睿思」為基礎，以「變易」為核心，以「義利」為法則，以「柔勝」為上策。③古代辦案說到底就是鬥智。凡人與人的對抗活動，算始至終都有心理抗衡。心戰和武戰的一個根本不同點，就在於它不是直接消滅對方的肉體，而是利用人在對抗環境中的心理變化規律，透過大量的虛假資訊傳播，造成對方的錯覺，互解對方的鬥志，橫跨對方的最後一道心理防線，最終智勝對方。④

人類的歷史即是一部戰爭史，不論戰爭工具從冷兵器進化到熱兵器；不論戰鬥陣式從平原步兵戰進化到多兵種對抗，運用的兵法基本上既固定，卻也很靈活。從孫武以來，各朝各代著名的軍事將領沒少過，他們所供奉的兵法哲學也一脈相承。透過他們的隨機應變，這些兵法哲學在中國戰爭史中寫下一頁頁輝煌的動人詩歌。「人生就是一場硬仗」，兵法思想不止應用在戰場，運動競技者也讀兵法；投身瞬息萬變商場的人士也讀兵法。如是，每天處理多種突發狀況的執法人員更應該讀兵法。⑤

古代軍事謀略極為豐富。從《孔子》、《吳子》、《尉繚子》、《六韜》、《三略》等古代軍事專著到近代的《三十六計》，奇謀異策比比皆是，慧光燦燦。同時，準軍事化的用間謀略、心戰謀略、伐交謀略也異彩紛呈。這些謀略強調「兵不血刃」，用疑誘敵，用奇創敵，用計伐敵。軍事戰爭與司法辦案在策略上有許多相通、相似、相近之處，許多軍事謀略只要與辦案實際相結合，就能演繹出許多辦案謀略。⑥

筆者曾就《孫子兵法》在治安工作的運用，提出十五種做法：⑦

一、戰略方面：工作的大原則——完善計畫：將軍之事；情緒管控：將有五危；蒐集情報：知彼知己；兵不厭詐：兵者詭道也；自保全勝：不戰而屈人之兵。

二、戰術方面：具體執行技巧——速戰速決：兵貴勝不貴久；先藏後動：藏於九地之下、動於九天之上；靈活調動：奇正相生；以逸待勞：致人而不致於人；趁虛而入：避其銳氣擊其惰歸；物資充裕：養生而處實；削敵壯我：因糧於敵；各個擊破：我專而敵分；分進合擊：併力料敵；善用地形：地形者兵之助也。

限於篇幅，本書僅討論四種犯罪偵查中最常使用的兵法謀略。

①馬洪根〈中國古代偵查謀略探源〉，《中國人民公安大學學報》社會科學版二〇〇八年五期，頁一五四。
②劉秋蓮、任惠華〈論我國偵查策略的理論來源〉，《鐵道部鄭州公安管理幹部學院學報》二〇〇〇年三期，頁一四。
③馬洪根〈中國古代偵查謀略探源〉，《中國人民公安大學學報》社會科學版二〇〇八年五期，頁一五二。
④郭茂德《以計為首——一二一個古代辦案謀略》（臺北：博雅書屋，二〇一一年），頁六。
⑤鄒濬智〈如果孫武、孔明、劉基也來當警察——試論中國兵法在治安工作中的五個應用〉，《通識教育與警察學術研討會論文集》，桃園：中央警察大學，二〇一三年十一月五日
⑥郭茂德《以計為首——一二一個古代辦案謀略》（臺北：博雅書屋，二〇一一年），頁六至七。
⑦鄒濬智《從軍事到治安——《孫子》兵學精粹在警察工作中的應用》，桃園：中央警察大學國文教學小組，二〇一三年九月。

況鍾裝憒懲奸吏——欲擒故縱

【案例出處】

本文選自《明史・況鍾列傳》。本案承辦人況鍾字伯律，號龍崗，又號如愚，靖安人。宣德五年出任蘇州知府。他是明代受百姓尊敬的清官之一，蘇州人民稱之「況青天」。昆劇《十五貫》因歌頌況鍾而婦孺皆知。著作有《況太守集》、《況靖安集》等。

【原文及白話意譯】

【原文】

蘇州賦役繁重，豪猾舞文①為

【白話意譯】

蘇州當地賦稅和勞役的負擔很重，土豪無賴玩弄法律文字謀取好處，最難以禁奸利，最號難治。鐘乘傳②至府。初視事，群吏環立請判牒。鐘佯不省，左右顧問，惟吏所欲行止。吏大喜，謂太守暗易欺。越三日，召詰之曰：「前某事宜行，若止我；某事宜止，若強我行；若輩舞文久，罪當死！」立捶殺數人，盡斥屬僚之貪、虐、庸、懦者。一府大震，皆奉法。鐘乃蠲③煩苛，立條教，事不便民者，立上書言之。

止。況鐘乘車上任，才剛要處理公事，下面的小吏就圍著他要一堆特准文件。況鐘假裝什麼都不懂，左右問他要什麼，他全由手下決定。這些小吏看了十分開心，認為新來的太守不明事理、好欺騙。過了三天，況鐘將這些下屬全召來詰問說：「之前某件事應該怎麼做，你們卻不讓我那麼做；某件事不應該那樣做，你們卻強迫我那樣做；你們知法玩法太久了，該當死罪！」馬上捶殺數人，再將下屬中貪污、暴虐、庸賴、懦弱的全都給罵了一遍。全府上下大為震驚，全都遵守法律不敢再犯。況鐘再減省煩苛的規定，立下教則，只要制度對老百姓不便，馬上上書請求改善。

① 舞文，指玩弄文字，曲解法律。《史記・貨殖列傳》：「吏士舞文弄法，刻章偽書，不避刀鋸之誅者，沒於賂遺也。」

② 乘傳，即乘坐驛車。傳為驛站的馬車。《漢書・京房傳》：「臣出之後，恐必為用事所蔽，身死而功不成，故願歲盡乘傳奏事。」

③ 蠲，指除去、減免。漢荀悅《申鑑・政體》：「四患既蠲，五政既立，行之以誠，守之以固。」

【犯罪偵查原理簡析】

本案承辦人沉鐘所使用到的偵查謀略「欲擒故縱」，是三十六計之一，典故出自清吳趼人《二十年目睹之怪現狀・第七十回》：「大人這裡還不要就答應他，放出一個欲擒故縱的手段，然後許其成事。」字面上的意思指故意先放開他，使他放鬆戒備，充分暴露，然後再把他捉住。

「欲擒故縱」是主動調動敵人之計，以「縱」的手段，達到「擒」的目的。對此，必須處理好縱與擒的辯證關係：一方面，「縱」要合情合理，自然貼切，能從思想上麻痺對方，使他大膽放鬆地活動；另一方面，「縱」不能失控，必須使對方在我擒得住的範圍內。「縱」是為了「擒」，不是放虎歸山，而是誘敵暴露，以最小的代價換取最大的利益。因此，「縱」不能出現新的危害，在「縱」之後，各項措施要緊跟上。在偵查實踐中由於失控使罪犯逃跑，發生新案件的沉痛教訓也是有的。欲擒故縱策略運用的對象，通常是證據不足的重大嫌疑人，在其潛伏不動時有控制地「放縱」，以便取證，或對下落不明的重大嫌疑人的外圍人員，放虎歸山，以便發現重大嫌疑人的下落。①

① 熊則坤《偵查辯證法》（北京：警官教育出版社，二〇〇〇年一月），頁二一七。

【古代其他相關案例舉隅】

出處	晉陳壽《三國志・吳書・黃蓋傳》
原文	石城縣吏，特難檢御，（黃）蓋乃署兩掾，分主諸曹。教曰：「令長不德，徒以武功為官，不以文吏為稱。今賊寇未平，有軍旅之務，一以文書委付兩掾，當檢攝諸曹，糾擿謬誤。兩掾所署，事入諾出，若有奸欺，終不加以鞭杖，宜各盡心，無為眾先。」初皆怖威，夙夜恭職。久之，吏以蓋不視文書，漸容人事。蓋亦嫌外懈怠，時有所省，各得兩掾不奉法數事。乃悉請諸掾吏，賜酒食，因出事詰問。兩掾辭屈，皆叩頭謝罪。蓋曰：「前已相敕，終不以鞭杖相加，非相欺也。」遂殺之。縣中震慄。
白話意譯	石城縣吏持別難以管教，黃蓋於是將手下分成二撥，各自律定了班頭，教諭他們說：「今天我沒什麼才德，只是因為有武功才當了這個官，文書工作我並不拿手。現在境內還不十分平靜，我身上也還有軍事的任務要辦，全將縣裡的工作都交給二位班頭，你們要幫我管好這些下屬，有錯就要趕快糾正。二班的業務都要辦得表裡相符，如果有什麼詐欺行為，我也不會鞭打來懲罰你們，希望你們盡心盡力，不要給下屬立下壞榜樣。」一開始官吏們害怕黃蓋，早晚都恭恭敬敬的工作。久了之後官吏們想說黃蓋既然不過問行政，又開始從中動手腳。黃蓋表面不動聲色，其實常

白話意譯

常在觀察這些官吏，也曉得一個班頭的不法情事。於是將所有官吏請來吃飯喝酒，再把他調查到的事證拿出來詰問一個班頭。班頭看到，一句話也答不上來，只得叩頭謝罪。黃蓋說：「之前已經鄭重提醒你們，說我絕不會鞭打懲罰你們，這話不是騙你們的。」於是直接殺掉他們，全縣的官吏知道了都怕得要命，再也不敢為非作歹。

李崇誑語偵實情——將計就計

【案例出處】

本文選自《魏書・李崇傳》。本案承辦人李崇字繼長，小名繼伯，北魏頓丘人，魏獻文帝之母文成元皇后二哥李誕之子。十四歲拜主文中散，襲爵陳留公。擔任鎮西大將軍。高祖初年，為大使巡察冀州。不久即以本官行梁州刺史。延興五年，任兗州刺史，又曾任揚州刺史。李崇有方略，得民心，天監六年鎮守壽春，壽春十年，召集壯士數千人，有敵人來，無不摧破，敵謂之「臥虎」。

【原文及白話意譯】

【原文】

先是壽春縣人苟泰有子三歲，遇賊亡失，數年不知所在。後見在同縣人趙奉伯家，泰以狀告。各言己子，並有隣證，郡縣不能斷。崇曰：「此易知耳。」令二父與兒各在別處，禁經數旬，然後遣人告之曰：「君兒遇患，向已暴死，有教解禁，可出奔哀也。」苟泰聞即號咷，悲不自勝；奉伯咨嗟而已，殊無痛意。崇察知之，乃以兒還泰，

【白話意譯】

先是壽春縣人苟泰有個三歲兒子，遭到盜賊給劫走，好幾年都不知道下落。後來在同縣人家趙奉伯那裡看到，苟泰於是向官府告狀。二家都說是自己的小孩，還有鄰居當證人，郡縣難以斷理此案。李崇聽了便說：「這案子好辦。」便將二名自稱父親的原告和被告，和兒子關在不同地方，過了數十天再叫人前去通知說：「你的小孩生病，沒多久前已經暴斃死亡，長官說案子算結了，你可以出獄去奔喪。」苟泰一聽到這消息狂哭，傷心得不能自己；趙奉伯只有嘆了口氣，並沒有哀痛的

詰奉伯詐狀。奉伯乃款引①云：「先亡一子，故妄認之。」

……

又定州流人②解慶賓兄弟，坐事俱徙揚州。弟思安背役亡歸，慶賓懼後役追責，規絕名貫③，乃認城外死屍，詐稱其弟為人所殺，迎歸殯葬。頗類思安，見者莫辨。又有女巫陽氏自云見鬼，說思安被害之苦、飢渴之意。慶賓又誣疑同軍兵蘇顯甫、李蓋等所殺，經州訟之，二人不勝楚毒，各自款引。

獄將決竟，崇疑而停之。密遣

樣子。李崇察知後，便將兒子還給苟泰，再質問趙奉伯為何要詐拐別人小孩。趙奉伯才從實托出：「原本我死了個兒子，才隨別搶認別人的來抵數。」

後來又有一案，原居定州解慶賓兄弟，因犯事遭到流放，判到揚州來。解慶賓弟解思安不想服刑便逃亡了，解慶賓擔心日後有人向他究責，於是先去註銷弟弟的名字，再到城外隨便認一具死屍，騙說他弟弟已被別人所殺害，並將屍體迎回歸葬。由於死屍很像解思安，看過的人都分不太出來。還有個女巫自稱看到解思安的鬼魂，幫思安轉述他被害死的痛苦和在陰間沒得吃喝的難受。解慶賓又誣告同袍蘇顯甫、李蓋便是殺弟兇手，經過州府審訊，這二人受不了毒刑，就冤枉地招二人非州內所識者，為從外來，詣慶賓告曰：「僕住在此州，去此三百。比有一人見過寄宿，夜中共語，疑其有異，便即詰問，迹其由緒。乃云是流兵背役逃走，姓解字思安。時欲送官，苦見求及稱：『有兄慶賓，今住揚州相國城內，嫂姓徐，君脫④矜愍⑤，為往報告，見申委曲，家兄聞此，必重相報，所有資財，當不愛惜。今但見質⑥，若往不獲，送官何晚？』是故相造，指申此意。君欲見雇幾何，當放賢弟。若其不信，可見隨

認了。

這案子即將行刑，李崇懷疑其中有鬼。私底下派出二個州內官府不認得的手下從州外來，去跟解慶賓說：「我也住在揚州，但距離州府有三百里。先前看到一人來店裡寄宿，晚上和他聊天，懷疑這人的來路，便加以質詰，追問他從哪兒來。他說自己是流放服役卻逃亡的人，姓解名思安。當時本想把他送官，他除了苦苦哀求之外還說：『我有個哥哥叫解慶賓，家住揚州相國城內，嫂嫂姓徐，你們可憐我放了我，為我前去通報我哥，並跟我哥說我現在有多辛苦，我哥一定會好好地報答你們，有什麼錢財也不會吝嗇於你們。今天我就像人質一樣，如果你們去了卻什麼都拿不到，再回來將我抓去報官也

看之。」慶賓悵然失色，求其少停，當備財物。

此人具以報，崇攝慶賓問曰：「爾弟逃亡，何故妄認他屍？」慶賓伏引。更問蓋等，乃云自誣。數日之間，思安亦為人縛送。崇召女巫視之，鞭笞一百。崇斷獄精審，皆此類也。

不遲。』所以我們才來找你，跟你說這件事。你看看要付什麼代價，好讓我們放了你弟。如果你不信這事，可以隨我們去看你弟。」解慶賓臉色大變，請這二人先等一等，好讓他準備贖人的錢財。

李崇派出去的人一聽馬上回來稟報，李崇隨即拘捕解慶賓來問：「你弟弟逃亡，你為何隨便認個無名屍當弟弟？」解慶賓一聽就認罪了。再問原先被冤枉的李蓋等人，他們才說是因刑隨便招認。幾天之內，解思安也被捕縛送回來。李崇把女巫找來，鞭笞一百。李崇斷案精明仔細的程度，大概都像這個案子一樣。

①款引，指從實認罪。《魏書・李崇傳》：「崇察知之，乃以兒還泰，詰奉伯詐狀。奉伯乃款引云：『先亡一子，故妄認之。』」

②流人即被流放的人。《莊子・徐無鬼》：「子不聞夫越之流人乎？去國數日，見其所知而喜。」

③名貫，即姓名與籍貫。《魏書・盧同傳》：「其實官正職者，亦列名貫。」

④脫，指赦免、解除、開脫。《後漢書・王符傳》：「《詩》刺『彼宜有罪，汝反脫之』。」李賢注：「《詩經・大雅》也。『此宜無罪，汝反收之；彼宜有罪，汝反脫之』毛萇注云：『脫，赦也。』」

⑤矜愍，同矜憫。《三國志・吳志・魯肅傳》「目使之去」裴松之注引三國・吳韋昭《吳書》：「主上矜愍豫州之身無有處所，不愛土地士人之力，使有所庇廕以濟其患，而豫州私獨飾情，愆德隳好。」

⑥以財物抵押或留人質擔保。《左傳・僖公十五年》：「子桑曰：『歸之而質其大子，必得大成。』」

【犯罪偵查原理簡析】

本案承辦人李崇所使用的偵查謀略「將計就計」，典故出自元李文蔚《張子房圯橋進履・第三折》：「將計就計，不好則說是好！」字面上的意思指利用對方所用的計策，反過來對付對方。偵查施謀用策，意在強化自己，壓倒對方，或誘使敵手進入我方圈套無法掙脫，迫使就範，服從我方意志。偵查主體施謀定計時，必須選擇對破獲案件最有利、帶有決定意義的環節，這些環節正是案件的關節點，它既是對手的致命點、要害處，又是對方最敏感，防範最嚴密的部位。①

有些犯罪嫌疑人或關係人，自以為比偵查人員聰明、計高一籌，受到查訪或偵訊初期釋放假的消息或口供，使得偵查人員白忙一場，或者是編派一些逼真的、模棱兩可的謊言，使得案情更如陷五里霧中。

因此在偵查的過程中，可以故意順著嫌疑人或關係人的願望來做，使得他心理上產生鬆懈，不由得暴露出原始的脫罪動機或不自然、不合情理的情感反應，從中得到他言行上的矛盾，用以突破案情或定罪，這就是「將計就計」！

① 王傳道主編《刑事偵查學》（北京：中國政法大學出版社，一九九八年二版三刷），頁四一。

【古代其他相關案例舉隅】

出處	明宋濂等《元史．胡長孺傳》
原文	民荷溺器糞田，偶觸軍卒衣，卒抶①傷民，且碎器而去，竟不知主名。民來訴，長孺陽怒其誣，械於市，俾左右潛偵之，向抶者過焉，戟手②稱快，執詣所隸，杖而償其器。
白話意譯	有位居民擔著溺器到田裡澆肥，不小心碰到軍卒的衣服，沒想到軍卒竟然打傷居民，將溺器給砸了才離去，也不曉得這暴行是誰幹的。居民來官府投訴，胡長孺表面上生氣地指這居民誣告，再把他上械具後押到市上，並讓左右偷偷躲在圍觀民眾中偵查，之前那個打人的軍卒剛好經過，手指著這居民大聲說活該，胡長孺便令手下將這軍卒給抓到他直屬長官面前，判以杖刑並賠償打壞的東西。
注釋	①抶，指笞擊、鞭打。《左傳．文公十年》：「命夙駕載燧，宋公違命，無畏抶其僕以徇。」杜預注：「抶，擊也。」 ②伸出食指和中指指人，以其似戟，故云。

出處	明余象斗《廉明奇判公案》
原文	廣東泗城州，有民羅進賢者，二月十二日，時天下大雨，獨擎一傘，將去探友。至後巷亭，有一後生求幫傘。進賢斥之曰：「如此大雨，你不自備雨具，我一傘焉能遮得兩人？」其後生乃城內光棍①丘一所，花言巧計，最會騙人。因被羅生所辱，乃詭詞曰：「我亦有傘，適間友人借去，令我在此少待。只我欲歸得急，故求相庇，兄何少容人之量。」羅生見說亦與他相幫。 行到南街分路，丘一所奪傘在手曰：「你可從那去。」羅進賢曰：「傘把還我。」丘一所笑曰：「明日還，請了。」進賢趕上罵曰：「這光棍你幫我傘，要拿在那裡去！」丘一所亦罵曰：「這光棍，我當初還不與你幫，今要冒認我傘，是何理也？」羅進賢忍氣不住，扭打在金州同衙去。 金州同問曰：「你二人傘有記號否？」皆曰：「傘小物，那有記號？」金又問曰：「曾有干證②否？」羅時賢曰：「彼在後巷亭幫我傘，未有干證。」丘一所曰：「彼幫我傘時有二人見，只不曉其人名。」金又審曰：「傘值銀幾何？」羅進賢曰：「新傘，乃值五分。」金州同怒曰：「五分銀物，亦來打攪衙門。一州雖設，十州同亦理，不得許多事矣。」命左右將傘扯開，每人分一半去，將二人趕出。密囑門子③曰：「你去看二人，說甚話，依實來報。」門子回覆曰：「一人罵老爺糊心不明，一人說『你沒天理，爭我傘，今日也會吃惱』。」遂命皂隸拿二人回，

原文	白話意譯
問曰：「誰罵我者？」門子指羅進賢曰：「是此人罵。」金公曰：「罵本管官長，該得何罪？發打二十。」羅進賢曰：「小人並無罵，真是枉曲。」丘一所質曰：「明是他罵，這裡就反覆，則他白占我傘是的矣。」金公曰：「不說起爭傘，幾誤打此人。分明是丘一所白占他傘，我判不明，傘又扯破，故彼忿怒，罵我也。」丘一所曰：「他貪心無厭，見傘未判與他，故輕易罵官。那裡傘是他的？」金公曰：「你這光棍何敢欺心。尚且堅執他罵官，以陷人於罪。是我故扯破此傘，以灼你二人之情偽，不然那有工夫去拘干證，以審此小事乎！」將丘一所打十板，仍追銀一錢，以償羅進賢。 適前二人在後巷亭見丘一所傍傘者，其一乃糧戶孫符。見金公審出此情，不覺撫掌言曰：「此真是生城隍也，不須干證矣。」金公拘問所言何事。孫符乃敘丘一所傍傘之因，羅進賢斥彼之言，後來相爭，「今老爺斷得明白，故小人不覺歎服。」金公益知所斷不枉。	詳前。

注釋

①光棍，即地痞流氓。元蕭德祥《殺狗勸夫》楔子：「卻信這兩個光棍，搬壞了俺一家兒也。」

②干證，指與訟案有關的證人。宋陳襄《州縣提綱・察監繫人》：「二競干證俱至，即須剖決。」

③門子，指官府中親侍左右的僕役。《古今小說・陳御史巧勘金釵鈿》：「他悄地帶個門子，私行到此。」

柳慶假榜逼賊首 ⊕ 挑撥離間

【案例出處】

本文選自《北史・柳慶傳》。本案承辦人柳慶為西魏、北周政治人物，字更興，河東郡解縣人。柳慶幼年時聰敏有文才。任尚書左丞時糾察奸盜，極諫當權者，深得宇文泰信任。後來忤逆權臣宇文護而免官。在自家去世。享年五十歲。謚號景。子柳機、柳弘、柳旦、柳肅。柳旦的六世孫就是唐代著名文人柳宗元。

【原文及白話意譯】

【原文】

……又有胡家被劫，郡縣按察，莫知賊所，鄰近被囚者甚多。（柳）慶以賊是烏合，可以詐求之。乃作匿多書，多榜官門，曰：「我等共劫胡家，徒侶混雜，終恐洩露。今欲首伏，懼不免誅。若聽先首免罪，便欲來告。」慶乃復施免罪之牒。居二日，廣陵王欣家奴面縛自告牒下，因此盡獲黨羽。

【白話意譯】

又有一家姓胡的被搶劫，郡縣官吏審問追查，沒有人知道強盜的下落，胡家的鄰居有不少因此被拘禁。柳慶認為盜賊是烏合之眾，可以透過詐騙來捕抓他們。於是他寫了一些匿名信，多貼在各官府的門上，信上寫著：「我們合夥搶劫胡家，同伴什麼來路都有，就怕終究會洩露犯行。現在想要自首，又怕難免一死。如果能同意先自首的免罪，我就願意來告發其他人。」接著柳慶又公告一道免罪的文牒，過了兩天，廣陵王元欣的一個家奴反縛雙手到文牒前自首，因而將盜賊一網打盡。

【犯罪偵查原理簡析】

本案承辦人柳慶所用的偵查謀略「挑撥離間」，典故出自清李寶嘉《官場現形記・第三九回》：「這個姓胡名福，最愛挑撥離間。」字面上的意思是透過挑起團體彼此間的不滿和嫌隙，加深團體中的衝突與不滿，分化整個團體。

犯罪集團或團伙也是充滿矛盾與爭鬥的，雖然在作案時由於利害關係糾合在一起，表面上臭氣相投，但內部存在著爭權奪勢、分贓不均、爭風吃醋、頑固與動搖等重重矛盾。偵查中要弄清各人在團伙中的地位，發現他們人際關係中的矛盾、思想上的裂縫，巧借對方之力，分化瓦解。①

犯罪偵查的基本要領之中，有一招叫以毒攻毒、以黑制黑：即利用黑道分子自身之力量，逼出罪犯之謂也，此亦為偵辦刑案之特殊技巧。例如某市因警員被刺致死，乃進行連續數日，甚或數週之全面掃蕩，並放出風聲宣傳其原因，乃完全是針對刺死警員一案，如此，黑道各方面因不堪其擾會運用其「自清」之力量，逼至嫌疑犯無所遁形，終至成擒。②這也是一種離間分化法③——係指找出、點出、甚至製造出共同犯罪者之間的衝突與矛盾而取得供述。

國內某報報導，臺中黑道頭目翁奇楠命案的槍手廖嫌透過竹聯幫大老找上周立委出面投案，結束近三個月的逃亡日子。翁某命案重創警方形象，在全案非破不可的壓力下，警方透過各種途徑，包括對黑道施壓，祭出堅壁清野的鐵腕，終於逼出兇嫌。據透露，與幕後策劃、教唆殺人的楊嫌關係匪淺的黃某在案發後曾經安排協助兇嫌藏身，隨後黃某即出境潛逃大陸，黃某被從大陸押返後，專案小組就已鎖定接應兇嫌的人在北部地區，並研判兇嫌應該已在尋找出路。專案小組認為，由於資助兇嫌的人都被警方帶回，等於斷了他的後路；在走投無路後，兇嫌後來終於透過竹聯幫大老投案。

① 熊則坤《偵查辯證法》（北京：警官教育出版社，二〇〇〇年一月），頁二〇八。
② 呂金榮《犯罪偵查理論與實務》（臺北：三鋒出版社，一九八九年三版），頁八一至八二。
③ 莊忠進《偵訊學》（臺北：商鼎文化，二〇一一年），頁一六至一八。

【古代其他相關案例舉隅】

出處	宋鄭克《折獄龜鑑．王敬則鞭偷》
原文	南齊王敬則為吳興太守。錄得一偷，召其親屬於前鞭之，令偷身長掃街路。久之，乃令舉舊偷自代。諸偷恐為所識，皆逃去，境內以清。
白話意譯	南齊王敬則擔任吳興太守時，得知一個小偷的下落，於是召集下屬前去問罪，還讓他服勞役，上街掃地。過了許久再要他另外檢舉小偷來代替自己服勞役。其他小偷擔心被這名服役的小偷給認出來，全都逃亡去了，吳興境內治安大好。

張淳攪水魚落網 — 打草驚蛇

【案例出處】

本文選自《明史・循吏列傳・張淳》。本案承辦人張淳字希古，明代南直隸桐城人，隆慶二年中進士後任永康知縣。之前已有七位縣令被當地百姓告倒。張淳到任後，清理積案，使吏民嘆服。他審判迅捷，鄉民裹一包飯即可結束訴訟，因此被稱為「張一包」。這同時也是稱讚他如包拯一般斷案神速。張淳後任禮部主事，歷任郎中，因病去職。又被起用為建寧知府，升任浙江副使，期間妥善處理兵士騷亂，官至陝西布政使。

【原文及白話意譯】

【原文】

巨盜盧十八剽金庫，十餘年不獲。御史以屬淳，淳刻期三月必得盜，而請御史月下數十檄。及檄累下，淳陽笑曰：「盜遁久矣，安從捕？」寢不行。吏某婦與十八通，吏頗為耳目。聞淳言以告十八，十八意自安。淳乃令他役詐告吏負金，繫吏獄。密召吏責以通盜死罪，復教之請以婦代繫，而己出營貲以償。十八聞，亟往視婦，因醉而擒之。

【白話意譯】

大盜盧十八劫了官府金庫，抓了十幾年都抓不到。御史將案子交給張淳，張淳保證三個月內一定抓到，再請御史配合下數十次的檄文來通知。等到檄文不斷寄到時，張淳表面裝作大笑說：「盜賊逃亡這麼久了，要去哪裡抓？」還故意躲在家裡不出門。原來衙門小吏的老婆和盧十八通姦，收了好處的小吏便擔任耳目來探聽官府的動態。小吏看了張淳的反應後告訴盧十八，盧十八想說自己應該安全無虞了。張淳再命令其他隸役誣告這個小吏欠錢不還，還把他關押下獄，在獄裡再秘密的審訊他的通盜死罪，讓他叫老婆代他坐牢，好使自己能出獄去籌錢贖罪。盧十八聽到這消息便趕去小吏家探視他老婆，吃酒喝醉後便被一舉逮獲。

【犯罪偵查原理簡析】

本案承辦人張淳使用的偵查謀略「打草驚蛇」，典故出自唐段成式《酉陽雜俎》：「王魯為當塗令，頗以資產為務。會部民連狀訴主簿貪賄，魯即判曰：『汝雖打草，吾已驚蛇。』」王魯當塗做官的時候，貪贓枉法。後來有人在他面前控告他的主簿收受賄賂。狀子所寫的罪行和王魯自己的違法行為大同小異。王魯一邊看狀子，一邊直打寒顫。看完不由自主的批了八個字，大意是說：「你雖然打的是地上的草，但我卻像趴伏在草裡的蛇一樣，已經受到驚嚇了。」「打草驚蛇」也是三十六計之一。

「打草驚蛇」字面上的意思是透過打草這個動作來驚擾潛伏在地上的蛇類，使其現蹤或逃離。在犯罪偵查的計謀裡，它係指透過大幅度的偵緝動作，使犯罪嫌疑人或關係人做出反應，從中蒐集犯罪事證或得知逃逸的疑犯下落。乍看此一「打草驚蛇」偵查謀略並不符合「偵查不公開原則」。但其實今日犯罪偵查所言的「偵查不公開」，並非鐵板一塊，其中尚存有幾個考慮到「偵查公開」法益和目的的重要原因①：

（一）宣示政府查緝決心或安撫因犯罪造成騷動的民心：社會上的重大案件發生後，偵察機關就有必要對社會大眾說明對於案件已有具體的作為，一方面具有安定民心，使人民對於國家司法機構保有信心，而不致發生私人處刑的惡況；另一方面，藉由刑事案件的偵破公開或查緝成效的公布等，具有警告潛在犯罪人勿以身試法而維持社會治安的宣示作用存在。

（二）維護公共利益：由於現代犯罪案件的各式手法不斷翻新，政府應有提醒民眾注意相關手法並加以提防的必要，故偵察機關為達成上述的政府義務，於偵查程序就應該適度公開偵查程序得到的資訊，促請民眾防範。

（三）籲請民眾協助：為了能繼續偵破案件並齊集相關人證、物證，此時即有請媒體傳播相關案件訊息，籲請如目擊證人等出面協助偵查，故此時有適度公開的必要。

（四）澄清視聽：從我國媒體在案件尚未偵結時即存有各式捕風捉影的消息層出不窮，有攻擊犯罪嫌疑人者，亦有攻擊偵察機關偵查不力者，基於司法威信的保護，偵察機關即有適度公開說明的必要。

（五）向在逃之犯罪嫌疑人傳遞訊息：實務上常見共犯於偵訊時將大部份的刑責皆推給另一在逃的共犯，偵察機關為釐清相關刑事責任的正確歸屬，有必要透過媒體的報導，籲請其他共犯出面釐清刑事責任。

古代犯罪偵查謀略中的「打草驚蛇」，與上述第（三）、（五）點的精神有若干相符之處。

① 〈論刑事訴訟法上之「偵查不公開原則」〉，「保成學儒法政網」，http://www.paochen.com.tw/OnlinePublicationsDetail/3/87。

【古代其他相關案例選摘】

出處

宋鄭克《折獄龜鑑・張行岌逼訪》

原文

有告駙馬崔宣謀反者，先誘藏宣妾，云：「妾將發其謀，宣殺之，投屍於洛水。」御史張行岌案之，略無跡狀。則天怒，令重案，行岌奏如初。則天曰：「崔宣反狀分明，我令來俊臣案劾，汝當勿悔也。」行岌曰：「臣推事誠不若俊臣。然陛下委臣推事，必須實狀，若順旨妄族平人，豈法官所守？臣以為陛下試臣耳。」則天厲色曰：「崔宣既殺其妾，反狀自然明矣。妾今不獲，如何可雪？乃欲寬縱之耶！」行岌懼，逼宣家訪妾。宣再從弟思兢於中橋南北多致錢帛募匿妾者，寂無所聞。而宣家每竊議事，則獄中告人輒知，揣其家有同謀者。因詐語宣妻曰：「須絹三百疋，雇俠客殺告人。」詰旦，微服伺於臺側。宣有門客，為宣所信，同於子弟。是日至臺，賂閽者①通消息。告人遽言：「崔家雇客刺我，請以聞。」臺中驚擾。思兢密隨門客至天津橋，罵曰：「若陷崔宣，引汝同謀，何路自脫？汝出崔家妾，與汝五百縑，足以歸鄉成百年計。不然，殺汝必矣！」客悔謝，遂引思兢於告者黨，獲其妾，宣乃免。

白話意譯

有人密告駙馬崔宣想要謀反，這人先把崔宣的愛妾給藏起來，再說：「他的愛妾就是要揭發他的陰謀，才被他殺人滅口，給丟到洛水滅屍了。」御史張行岌審理發現並無相關事證可以證明這件事。武則天盛怒之下要求再審，張行岌所報告的審查結果仍然和第一次一樣。武則天說：「崔宣想要謀反的樣子己經很明顯，我叫來俊臣來翻案，你可千萬不要後悔。」張行岌答道：「我的推理能力的確不如來俊臣，但陛下委託臣來推理此事，我一定要實話實說，如果今天為了順應您的意思隨便把人誅九族，這哪是執法人員應該做的事？我以為陛下講這話只是在試探我的態度是否堅定吧！」武則天臉色大變的罵說：「崔宣既然殺了他的妾，要謀反的意思已經夠明顯。今天找不到他的愛妾，談什麼洗雪冤情？你難不成想放他一馬！」

張行岌一驚之下，趕緊逼崔家快點去尋愛妾的下落。崔宣的堂弟崔思兢花了很多錢財在城中橋附近打聽哥哥愛妾的下落，但一直沒有消息。可是每次只要崔家在討論該如何處理這件事，告密者總能同時知道，便推測崔家裡有告密者的同謀。於是張行岌假裝跟崔宣妻子說：「你得準備絹三百疋，雇個俠客把告密者幹掉。」等到隔天一早，張行岌換了便服躲在御史臺旁邊。崔家有個深受信賴的門客，感情好像自己的親人一樣。當天就趕到御史臺，給了守門人一點錢財，請他通報消息。結果密告的人接到消息馬上就說：「崔家雇了刺客要殺我，請幫我報告上級。」御史臺內為了此事忙得雞飛狗跳。崔思兢偷偷的跟著這個門客，一直跟到天津橋，才追上

白話意譯

去罵他：「如果你硬要陷害崔宣，就說你和他同謀，看你逃哪去？如果你能交出崔宣的愛妾，我反倒給你五百縑，足夠讓你回家鄉安享終老。如果你不從，我肯定先殺了你再說！」門客不斷謝罪，再將崔思競帶到密告的同黨那兒，總算找回了崔宣愛妾，崔宣才免於牢獄之災。

注釋

①閽者即閽人，本為周官名，掌晨昏啓閉宮門。《周禮．天官．閽人》：「閽人，掌守王宮之中門之禁。」後世通稱守門人為閽人。

第陸章

常用搜捕技巧

本章所言「搜捕」，即今日的「拘捕」。「拘捕」為「拘提」和「逮捕」之合稱。「拘提」是指在一定的短時間內拘束人的自由，強制其到達一定的處所接受訊問；其目的在於使被告或證人接受訊問，也有防止被告逃亡及避免湮滅、偽造、變造證據，或勾串共犯或證人，以保全證據。我國《刑事訴訟法》第七六條規定，若被告罪犯嫌疑重大①，並且具有逕行拘提的決定事由，得不經傳喚直接逕行拘提。「逮捕」則是指在一定的短時間內，以強制力解送現行犯或通緝犯到一定場所，目的是防止其逃亡。②《警察偵查犯罪規範・合法原則》：警察人員有依法協助偵查犯罪、執行搜索、扣押、扣提及逮捕之職權，其法律依據為：憲法、警察法、刑事訴訟法、調度司法警察條例、軍事審判法、警察勤務條例等。憲法第八條第一項規定：「人民之身體自由應予保障，除現行犯之逮捕由法律另定外，非經司法或警察機關依法定程序，不得逮捕扣禁。」

本章共選讀四種中國古代對犯罪嫌疑人進行「搜捕」的手段。

① 所謂「犯罪者嫌疑重大」，係指如果依目前偵查結果，被告極有可能從事犯罪的行為。見林茂雄、林燦璋《警察百科全書（七）》（臺北：正中書局，二〇〇〇年），頁七三。

② 林茂雄、林燦璋《警察百科全書（七）》（臺北：正中書局，二〇〇〇年），頁七五。

尚寬霹靂搗賊窩——速捕－兵貴神速

【案例出處】

本文選自《宋史・趙尚寬傳》。本案承辦人趙尚寬，字濟之，宋代河南府人。仁宗時知平陽縣，鄰縣有大囚夜逃，尚寬捕獲，遷知忠州。有政績。知唐州，疏三陂一渠，灌田萬餘頃。包拯上其事蹟，仁宗下詔表彰。王安石、蘇軾均有贊詩。官至司農卿。

【原文及白話意譯】

【原文】

趙尚寬，字濟之，河南人，參

【白話意譯】

趙尚寬，字濟之，河南人，他是參知政事趙安仁的兒子。擔任平陽縣令時，鄰知政事安仁子也。知平陽縣，鄰邑有大囚十數，破械夜逸，殺居民，將犯境。尚寬趣尉出捕，曰：「盜謂我不能來，方怠惰，易取也。宜亟①往，毋使得散漫，且為害。」尉既出，又遣徼巡兵躡其後，悉獲之。

邑有重刑犯十幾個人，夜裡破壞戒具給逃走了，還殺了當地居民，將要入侵本縣。趙尚寬出動治安官前去圍捕，還說：「盜賊預料我來不及防備，心裡很懈怠，正是容易抓捕他們的時候。得趕快去，不要讓他們四散逃亡，變成百姓的禍害。」治安官出動後，趙尚又派出軍士前去支援，很快地就把他們全都緝捕歸案。

① 亟，指疾速。《詩經・豳風・七月》：「亟其乘屋，其始播百穀。」鄭玄箋：「亟，急。」

【犯罪偵查原理簡析】

趙尚寬所用的搜捕技巧「兵貴神速」，典故出自《孫子・九地》：「兵之情主速」，字面上的意思是說軍事行動愈快完成愈好。這是因為戰場瞬息萬變，在對我有利的情況下出擊，並不表示戰況永遠對我有利，必須掌握戰機，速戰速決。除了預防有變外，軍事行動對國家財政負擔很大，所以執行的時間愈短，愈不會耗損國力，讓敵國有可趁之機。

逮捕拘提在偵查犯罪行動中，是一項艱鉅而危險之任務，因此在行動前，必須瞭解案情，認識對象，熟悉環境，並作充分準備，在行動時則必須提高警覺，確立敵情觀念，尤其必須講求執行技術，運用機智，剛柔並施，掌握情況，及時採取果敢行動，並發揮應變反應能力，應付任何意外與變化。①確定嫌疑人的下落而進行拘捕時，由於不知道嫌疑人是否藏帶兇器，也無法預知他是否已察覺，為了降低偵緝人員的人身風險，必須採取速捕。

刑事偵查中，時間性非常強，尤其是偵查初期，偵查人員要與犯罪分子搶時間、爭速度，「失掉了時間就等於蒸發了真理」，失去時間就可能失去主動權，貽誤戰機。偵查中的戰機主要表現在及時取得證據，迅速查緝嫌疑人，抓住戰機就能獲得真憑實據，失去戰機就失去證據；抓住戰機，可以迅速將案犯緝捕歸案，錯過機會，就會使案犯逃逸。不論勘查現場，還是採取各項緊急措施，要做到迅速及時，快速反應，快速行動，風雨無阻，晝夜不分，不給犯罪分子留下喘息的機會。②

偵查策略的基本原則之一是以知取勝，就要體現最優原則，即以最少力量、最快速度、最短周期，獲得最充分的證據，使偵查對象無一漏網。偵查工作之初，眾多選擇的偵查途徑中最佳途徑只有一條。當案情尚不明朗時，要判斷哪一條最優，無疑是困難的。以智取勝就是要在案情不明時作出最佳選擇。選用最佳策略可說是機會與風險並存。為了出奇制勝，有時需要承擔一定風險。但對最佳策略的選擇不能孤注一擲，既要力求取得最佳效果，又要保證在情況突變時有迴旋餘地。③

① 鄭厚堃《犯罪偵查學》（桃園：中央警官學校出版社，二〇〇一年修正版），頁三一四至三一五。
② 王傳道主編《刑事偵查學》（北京：中國政法大學出版社，一九九八年二版三刷），頁二一五。
③ 熊則坤《偵查辯證法》（北京：警官教育出版社，二〇〇〇年一月），頁二〇三。

正辭密遣搗黃龍——掩捕—靜如處女

【案例出處】

本文選自宋洪邁《容齋隨筆》。《容齋隨筆》是南宋洪邁著的筆記，本書和北宋沈括《夢溪筆談》齊名。《夢溪筆談》以科學技術見長；《容齋隨筆》則長於史料和考據，被公認為研究宋代歷史必讀之書。本案承辦人范正辭字直道，北宋齊州人。因擅長《春秋公羊》、《春秋穀梁》而登第。初任安陽主簿，後遷國子監丞，知戎州，改官著作佐郎。時淄州民戶欠稅者眾，正辭追還欠稅，被薦為淄州知州。通判棣州、深州等地。地多獄訟，范正辭赴任，積案立刻解決。後累官至倉部考功員外郎，膳部郎中。大中祥符三年四月病卒。

【原文及白話意譯】

【原文】

饒州民甘紹者，為群盜所掠，州捕繫十四人，獄具將死。范正辭案部至，引問之，囚皆泣下。察其非實，命徙他所訊鞫。既而民有告盜所在者，正辭潛召監軍掩捕之。盜覺遁去，正辭即單騎出郭二十里追及之。賊控弦持槊來逼，正辭大呼，以鞭擊之，中賊雙目，仆之。餘賊渡江散走。被傷者尚有餘息，

【白話意譯】

饒州的有錢人甘紹被強盜集團給洗劫，州官捕抓了十四人，審訊後都判了死刑。范正辭巡視時到了這裡，把這十四人叫來問一遍，這些人全都哭了出來。仔細調查後才發現這些人都是冤枉的，於是把他們移監到其他獄所。不久有人密報強盜的所在，范正辭於是秘密地召集監軍前去圍補，沒想到被強盜們先行察覺而逃亡，范正辭一個人騎馬追出城去，追了二十幾里總算追到。強盜們拉開弓、持戈槊想要逼退范正辭，范正辭大喊一聲，用鞭子抽中

旁得所棄贓。按其奸狀伏法，十四人皆得釋。

了其中一個強盜的雙眼，把他抽倒在地。其他同夥一看趕快過江逃走。受傷的強盜沒死，身邊則散布丟在地上來不及帶走的贓物。後來按照他所犯的罪判刑執行，先前那十四個冤枉的人全都得到釋放。

【犯罪偵查原理簡析】

本案承辦人范正辭到部時，發現被逮捕的都是一些頂罪的貧民，除了將這些貧民移監到其他獄所加以保護外，也四處探查真正盜伙的下落。得知強盜集團的落腳處後，為了擔心貿然前去逮捕會造成盜賊四處逃逸，無法一網打盡，於是范正辭秘密地調動手下部署在賊窩之外。

掩捕是在犯罪嫌疑人毫無防備的情況所進行的抓捕。一則減少犯罪偵查人員曝露在危險下的機會，二則容易將犯罪嫌疑人一舉成擒。這種搜捕方式是「偵查不公開」的延伸應用。

【古代其他相關案例舉隅】

出處	明劉基〈前江淮都轉運塩使宋公政績記〉
原文	……（宋文瓚）復大忤用事者意。改除大路都總管臺官，希意以大興縣尹盜鹽草事連公，劾奏坐免。無何，御史鄭彥章等辨其誣，除兩淮都轉運鹽使。時海上寇起江淮間，遊民群聚販鹽，因而劫商旅為盜。公至，督有司掩捕，獲其渠魁，鞫問盡得其黨與。
白話意譯	……又忤逆了當權者的意思，當權者將他（宋文瓚）改任大路都總管台官，希望用大興縣尹盜賣鹽草的事來連坐究責宋文瓚。不過後來查無實證，御史鄭彥章弄清楚此事是誣告，宋文瓚改任兩淮都轉運鹽使。當時海盜盤據江淮之間，這些遊手好閒的人聚在一起主要在販賣私鹽，還順道幹起了搶劫商旅的壞事。宋文瓚一到任，督導相關單位隱密地前去圍捕，結果抓到強盜首領，訊問之中盡得黨羽的下落，也一網打盡。

行德依贓探賊蹤 ◆ 跡捕——以贓追賊

【案例出處】

本文選自宋陶岳《五代史補・卷四》。《五代史補》共五卷，採五代十國遺事，今本載後梁二十一事，後唐、後晉、後漢各二十事，後周二十三事，共一百零四事。是書歷代目錄家多歸之雜史，因其多聚遺聞逸事，所載難免有疏失處。但敘事「首尾詳具」，文筆也簡潔，可補薛居正《舊五代史》所未及。本案承辦人武行德家窮，原以賣柴為生。晉祖在弁門郊外看到行德，對他的相貌和體力都十分讚賞，留他在帳下當侯虞。戰時武行德被契丹俘虜，卻殺了契丹守官，佔據河陽，不久歸順後漢，任河陽尹，入宋，官至太子太傅。

【原文及白話意譯】

【原文】

武行德之守洛京也，國家方設鹽法，有能捉獲一斤以上者，必加厚賞。時不逞之徒，往往以私鹽中人者。

嘗有村童，負菜入城。途中，值一尼自河陽來，與之偕行。去城近，尼輒先入。既而，門司搜閱，於菜籃中獲鹽數斤，遂繫之以詣府。行德取其鹽視之，裹以白綃帕子，而龍麝①之氣襲人，驚曰：

【白話意譯】

武行德擔任洛京留守時，國家剛頒布鹽法，規定凡能捉獲私下販鹽一斤以上的人，一定加重賞金。當時一些為非作歹的人，常常私下栽贓鹽來害人。

曾有一個村童背菜進城，路上遇到一個從河陽來的尼姑與他同行。快到京城時，尼姑卻先快步走了進去，沒多久守門的吏卒便前來搜查，在村童的菜籃中查獲了好幾斤私鹽，便把村童捉了起來，送府法辦。武行德取過鹽來查看，看到外面裹著白紗手帕，手帕還漂出一股濃濃的龍麝香氣，他驚訝地說：「我看村童衣服破

「吾視村童，弊衣百結，藍縷之甚者也。豈有薰香帕子？必是奸人為之耳。」因問曰：「汝離家以來，與何人同途？」村童以實對。行德聞之，喜曰：「吾知之矣。此必天女寺尼與門司冀幸以求賞也！」遂問其狀，命親信捕之，即日而獲。其事果連門司，而村童獲免。自是官吏畏服而不敢欺，京師肅然。

爛，又縫又補，十分窮困，身上怎麼會有薰香手帕呢？一定是壞人嫁禍給他。」因而問村童說：「你離家以後，曾與什麼人同行？」村童據實回答。武行德聽了，高興地說：「我知道是怎麼一回事了。這一定是天女寺的尼姑和守門吏卒想要僥倖謀求賞金啊！」便問清楚尼姑的形貌，再叫親信前去逮捕，當天就抓到人。經過審問，此事果然牽涉到守門的吏卒，而村童則獲得了釋放。從此官吏們對武行德既敬畏，又佩服，不敢再有所蒙蔽，京師治安變得十分良好。

① 龍麝即龍涎香與麝香的並稱。宋陶穀《清異錄．武器．風流箭》：「寶曆中，帝造紙箭竹皮弓，紙間密貯龍麝末香。每宮嬪群聚，帝躬射之，中者濃香觸體，了無痛楚，宮中名風流箭。」

【犯罪偵查原理簡析】

從事盜竊、搶劫、詐騙等犯罪活動的分子，一旦贓物到手，一般都要想方設法盡快將贓物變賣，轉化為貨幣，以便於揮霍享用，並清除自己身邊的罪證。因此，控制銷贓是偵破盜竊、搶劫、詐騙等類案件時常採用的一種有效的偵查措施。偵查機關對有贓物可查的案件，應當迅速佈置力量，嚴密控制犯罪分子可能銷贓的各種場所，這往往能夠及時發現贓物，獲取罪證，有時還能當場抓獲犯罪分子，做到人贓俱獲。①

本案承辦人武行德透過追查查扣的贓物私鹽，取得包裹私鹽的絹帕，再以此線索，結合遭到誣陷的村童口供，找到栽贓嫁禍的女尼和與之勾結的門司。任何刑案，非有贓證，即有疑犯，此要領乃先查緝得贓證，然後引出嫌疑人及整個案件之經過，或先緝捕得嫌疑犯，而後據其自白，查得贓物，又或是於發現贓證或嫌疑人之同時，發現或緝捕嫌疑人及其贓物。②

今日偵查中清查贓物有幾個要領：

一、清查當鋪

犯罪群因靡爛成習，經常需錢揮霍甚急，鋌而走險犯罪，以竊、搶、劫、殺、擄勒、詐欺等不法手段攫取他人之財物，得逞後贓物多持往銷贓場所變賣花用；押當是最易脫手的銷贓方式，治安單位平時應加強查察俾能剋制犯罪於機先。

二、清查汽機車修理工廠

近來臺灣地區汽機車失竊案件激增，日達百餘件之多，罪犯得手後，多用作犯罪的交通工具以增加其犯罪的機動性，或送往不肖工廠廉售，或刻意改裝更換牌照後使用，故不肖修理工廠變相為銷贓或協助犯罪的工廠，因案查贓時，清查汽車機車，常能偵破龐大竊車集團，及因案所失贓物。

三、清查銷贓的銀樓珠寶店

貴重贓物如金塊、金飾品、鑽戒、珍珠項鍊、寶石等，罪犯常持往銀樓珠寶店等廉價脫手，不肖業主貪圖其價格低廉，甘冒收贓風險，故應將因案報失的貴重物品製圖詳列，派員赴各該業場所清查或暗查，可能從而發現贓物破案。

四、調查古玩經營場所

因案所失的貴重古玩、藝術品、骨董等，亦有可能被罪犯廉銷於古玩經營場所，偵查該類案件，應熟知轄內的骨董古玩營業場所及人物，以利進行調查；對失竊古玩的鑑定技術，亦得有所求教學習。③

五、控制其他黑市銷贓管道

黑市通常是指各種地下交易、場外交易、黑市地點。比如飯館、茶館、旅館、影劇院、舞廳、車站、碼頭、偏避胡同等場所。控制這些銷贓管道時，不僅要注意發現贓物，而且要注意發現形跡可疑的「旁觀者」和閒散人員，必要時可使用隱蔽力量控制銷贓。④

① 楊殿升等編著《刑事偵查學》（北京：北京大學出版社，一九九七年二月一版三刷），頁二七七。
② 呂金榮《犯罪偵查理論與實務》（臺北：三鋒出版社，一九八九年三版），頁八一。
③ 一至四點詳蕭季慧《犯罪偵查與蒐集證據》（桃園：中央警官學校出版社，一九九三年），頁一二七至一二九。
④ 王傳導主編《刑事偵查學》（北京：中國政法大學出版社，一九九八年十月二版三刷），頁一〇五。

【古代其他相關案例舉隅】

出處

唐李延壽《北史·列傳第三十九·王洑》

原文

又有一人從幽州來，驢馱鹿脯。至滄州界，腳痛行遲，偶會一人為伴，遂盜驢及脯去。明日告州，洑（彭城景思王洑）乃令左右及府僚吏分市鹿脯，不限其價。其主見脯識之，推獲盜者。轉都督、定州刺史。時有人被盜黑牛，背上有白毛。長史韋道建謂中從事魏道勝曰：「使君在滄州日，禽奸如神。若捉得此賊，定神矣。」洑乃詐為上符市牛皮，倍酬價直。使牛主認之，因獲其盜。建等嘆服。又有老母姓王，孤獨，種菜三畝，數被偷。洑乃令人密往書菜葉為字，明日，市中看菜葉有字，獲賊。爾後境內無盜，政化為當時第一。

白話意譯

有一個人從幽州來，用驢馱著鹿脯來賣。到了滄州地界，因為腳痛走得慢，便和另一名路人同行。沒想到這路人偷了他的驢和鹿脯。王洑便命手下官員和小吏前去各個市集買鹿脯，不必管價錢高低。苦主從買回來的鹿脯中認出自己被偷的那些，再循線拘捕到這名小偷。後來王洑轉任都督和定州刺史。當地有人被偷了黑牛，這黑牛特徵是背上長有白毛。長史韋道建向中從事魏道勝說：「王洑在滄州時，擒抓小偷的手段高明。如果能抓到這名偷牛賊，就更高明了。」王洑於是假裝上級單位急著購買牛皮，用市價好幾倍去買。再讓牛主人從這些牛皮中去認自己的失牛，很快

白話意譯

地就找到偷牛賊。韋道建和魏道勝聽了都感到佩服。又有個老婦人姓王，自己一個人住，種菜三畝地，常被偷拔。王湫於是叫人偷偷在菜葉上寫字做記號，隔天到市場上看誰賣的菜上有字，一下就抓到小偷。從此之後王湫的轄區內都沒有盜賊，他的政績是全國第一。

出處	明項篤壽《今獻備遺．卷卅三》
原文	（許進）遷山東按察副使，監試。有欲私貴介子①者，執不從。東昌一武官子懷金同儒生飲酒家，是夜被殺；有司疑生，嚴訊誣服。進偏閱商曆，知酒家以殺人之翌日買布數疋，遂伏辜。
白話意譯	許進調任山東按察副使，監考國家考試。有人想要關說讓自己庶子獲得功名，許進拒不接受。東昌一個武官的小孩身上帶著鉅額的錢財和一名讀書人在酒家飲酒，夜裡卻被殺了；有關單位懷疑是讀書人幹的，還對其嚴加拷訊，結果讀書人認了不是自己犯的罪。許進則調集所有商家的出入帳冊，發現酒家老闆在殺人命案後去買了數疋的布，認定老闆就是兇手，一問他就認罪了。
注釋	①古代宗法，長子為宗子，宗子為士，庶子為大夫，祭於家廟，庶子則稱介子。

德用以餌釣洪霸 ◎ 誘捕—引蛇出洞

【案例出處】

本文選自《宋史・王德用傳》。本案承辦人王德用字元輔，原趙州人，其父徙居鄭州管城。王德用十七歲隨軍出擊李繼遷，俘獲甚多。明道間拜保靜軍節度使、定州路都總管，使契丹懾服議和。皇祐三年，以太子太師致仕。後起為河陽三城節度使、樞密使，同中書門下平章事，封魯國公。德用有謀略，治軍有方，善以恩撫下，故多得士心。率軍臨邊，未嘗觀矢石、督攻戰，但其名聞四夷。德用貌雄毅，面黑，閭閻男女小兒，皆呼他為「黑王相公」。贈太尉、中書令，謚武恭。

【原文及白話意譯】

【原文】

（王德用）累遷內殿崇班①，以御前忠佐為馬軍都軍頭，出為邢、洺、磁、相州巡檢。盜賊張洪霸相聚界上，吏不能捕。德用以氈車載勇士，詐為婦人飾。過邯鄲，賊果來邀，勇士奮出，悉擒之。徙督捕陝西東路，盜賊相戒曰：「此擒張洪霸者。」皆相率逃去。

【白話意譯】

王德用累官內殿崇班，以御前忠佐的身分出任馬軍都軍頭，後來陸續出任邢、洺、磁、相州等地的巡檢。有個盜賊叫張洪霸，聚眾在各州交界上，官吏難以緝捕。王德用用氈車載著勇士，偽裝成婦人出遠門的樣子。才剛經過邯鄲，盜賊果然來襲，勇士便從車中衝出，將盜賊全都抓了起來。王德用後來升官任陝西東路的治安官，盜賊互相提醒：「他就是抓了張洪霸的人。」然後全都逃亡去了。

① 內殿崇班為宋代武臣階官。《宋史．職官志九》：「武臣三班借職至節度使敘遷之制……東頭供奉官轉內殿崇班，內殿崇班轉內殿承制。」

【犯罪偵查原理簡析】

本案承辦人王德用令手下扮成極易下手的行搶對象，再出入於盜賊張洪霸出入犯案的危險地區，引誘張洪霸前來搶劫。結合假扮婦人和躲藏在車廂中的勇士，果真誘捕張洪霸等一干人到案。誘捕即利用提供疑犯犯案的動機，使其犯案，再予以拘捕。①

一、誘捕的意義

「誘捕」其語意起源於狩獵時為引誘獵物接近所採取之誘惑手段。②而所謂的誘捕偵查乃偵查機關或受偵查機關委託者，教唆或幫助他人犯罪，在於該人從事犯罪行為時立即加以逮捕之偵查方法。廣義言之，偵查人員為期舉發犯罪嫌疑人犯行並進而逮捕犯罪嫌疑人時，凡利用類似「誘捕」方式之一切偵查方法，大致上皆稱為誘捕偵查。

二、誘捕偵查的手段

（一）提供機會

行為人原本即有犯罪之意思，偵查人員僅係提供機會讓其犯罪，於其犯罪時予以逮捕，我國最高法院判決稱此為「釣魚偵查」。也有稱為「主觀欠缺謹慎的犯罪者」，而非「欠缺謹慎的無辜者」，偵查人員的任何誘捕行為與被告犯罪行為間僅存在於機會提供之點上有所關聯，且不得將其視為「陷阱」。所以，由主觀理論得知，判斷「已有的犯罪傾向」之標準，與被告之性格、過去的犯罪經歷均具有直接的關連性。

（二）誘發犯意

行為人原無犯罪之意思，因受偵查人員之引誘，始萌生犯意，進而著手實行犯罪者，我國最高法院判決稱之為「陷害教唆」。也有稱為「客觀理論」，美國少數派見解的法蘭克福（Frankfurter）法官提出了「通常誘發之基準」作為判斷偵查人員偵查行為是否得當之標準。此基準即為「原本得以避免犯罪，且又經過與自己一番心理掙扎亦能免去通常之誘發者，設若誘其犯罪之行為超越了通常之誘發，亦即所謂的異常之誘發，原則上是不被容許的。換言之，偵查人員得以行使通常之誘發行為，但卻不得行使異常之誘發行為。」所以如何客觀判斷偵查人員所行使之誘發行為，是否有對那些被認為未具有犯罪傾向之一般人，極力加以唆使其欲實施犯罪為基準之見，稱之為客觀理論。③

三、誘捕在今日的適法性問題

我國法律上「發動」之「授權基礎」為何？依實務的看法，主要將誘捕偵查區分為「合法」的「釣魚偵查」及「違法」的「陷害教唆」兩者，不過我國實務的看法之問題在於，其僅區分了「手段」的「合法性」，但卻忽略了根本性的問題，亦即若此項偵查手段是自始「欠缺」發動之「授權基礎」，則又該如何？因誘捕偵查實為一「侵害」或「干預」憲法保障人民基本權之「隱私權」及「人身自由」的強制處分，故應「非」任意偵查，基於誘捕偵查同時可能針對「已發生的犯罪」及「未發生的犯罪」發動，前者或可依「警察職權行使法第二八條一項」作為發動之授權基礎；但後者因誘捕偵查為強制處分，而又無法依「一般偵查及調查權限」，或於我國刑事訴訟法中找到「明文」之發動依據，只好暫時類推刑事訴訟法中關於「搜索」的規定，以解決無法執行此項偵查手段的窘境。而關於誘捕偵查過程中可能造成之「人身自由」的基本權干預，則以《刑事訴訟法》八八條第一、二項關於現行犯逮捕之規定，作為發動之法律依據。

解決了誘捕偵查手段可能欠缺發動基礎的問題之後，接著就是如何認定執行上手段合法性的問題。關於我國實務對於誘捕偵查「手段」之「合法性」的判斷，因其採納與美國法上「主觀理論（基準）」類似之見解，故亦承襲了其可能之弊病，且為何就只能採納此種判斷方式，我國實務亦自始未加以考慮，因此須藉助比較法上的分析方式，看看究竟以何種標準判斷誘捕偵查手段之合違法性，方為是理。此外，可採納美國法上以「正當法律程序原則」判斷之方式為思考上之出發點，並採納其他比較法上或我國學說、論者看法之優點，進而將此種判斷方式「引介」入我國法之體系中，使其在我國法中亦得以操作，而非「空唱高調」。④

而在確立了以「正當法律程序原則」判斷誘捕偵查「手段」之「合法性」後，針對若構成「違法」之誘捕偵查，勢必亦應課與其相應之適切的「法律效果」。我國實務就構成「違法」的「陷害教唆」者，亦有其相應之法律效果的討論，不過我國實務之看法亦有不足之處，仍須藉助比較法來加以補充、修正。分析衡量了各種可能之法律效果的優劣及適用在我國法體系上的可能性之後，應可採納「證據排除說」輔以「毒樹果實原則」的作法；並於例外之情形以「量刑之刑罰裁量說」，對受違法之誘捕偵查者加以救濟。⑤

① 「誘捕」大陸稱之「誘惑偵查」，可參楊志剛《誘惑偵查研究》，成都：四川大學法學博士論文，二〇〇七年三月。
② 渥美東洋〈書評「道田信一郎著『わなと裁判』」〉，《法律時報》五十六卷四號，一九八三年，頁一二九。
③ 陳孟皇〈論誘捕偵查之適法性〉，法務部司法官學院第四七期學員法學報告。
④ 張瑋心〈論警察之「誘捕偵查」與國家賠償責任〉，《法學新論》三二期，二〇一一年十月，頁一〇九至一四〇。
⑤ 莫孟衡《論誘捕偵查——重新釐清其於我刑事程序法上之定義及違法之效果》，臺北：臺灣大學法律學研究所碩士論文，二〇一〇年。

【古代其他相關案例舉隅】

出處	明宋濂等《元史・胡長孺傳》
原文	縣有銅岩，惡少年狙伺其間，恆出鈔①道，為過客患，官不能禁。長孺偽衣商人服，令蒼頭②負貨以從，陰戒騶卒③十人躡④其後。長孺至，岩中人突出要之，長孺方遜辭以謝，騶卒俄集，皆成擒，俾盡逮其黨置於法，夜行無虞。
白話意譯	縣內銅岩這個地方，有惡少聚集侵擾行人，常常出來攔道搶劫，是過路人心中的大患，官府也抓不勝抓。胡長孺於是將自己偽裝成商人，再叫軍士背著貨物跟在後面，再偷偷埋伏十名僕役跟隨在後。待胡長孺一行人到銅岩這兒，果然山裡衝出來人要搶劫，胡長孺才剛假意討饒拖延，埋伏的僕役已經全圍上來，一舉將惡少抓住，還將他的黨羽全都捕獲並判刑，從此之後就算晚上經過這裡也用不著擔心了。
注釋	①鈔，指搶掠、強取。後作「抄」。漢王符《潛夫論・勸將》：「東寇趙魏，西鈔蜀漢。」 ②蒼頭，指以青巾裹頭的軍隊。《戰國策・魏策一》：「今竊聞大王之卒，武力二十餘萬，蒼頭二千萬。」 ③騶卒，本指掌管車馬的差役，亦可泛指一般僕役。《魏書・濟南王匡傳》：「（任城王澄）後將赴省，與匡逢遇，騶卒相撾，朝野駭愕。」 ④躡，指追蹤、追擊。《尉繚子・經卒令》：「莫敢當其前，無敢躡其後。」

第柒章

常用偵訊技巧

所謂偵訊，係指對犯罪嫌疑人或被告或告訴人、告發人、證人等之訊問，要求上列當事人或關係人，將其所經驗或知覺之犯罪行為有所陳述，期能在陳述中獲得情報，進而蒐集證據，然後查證虛實，分別主從，並依法製作筆錄或予以錄音、錄影後，循法定程序移送偵查或起訴判決之謂。①為了讓當事人或關係人吐實，偵訊得以成功，有以下幾個原因②：

一、因涉案證據明確而自白

面對難以辯解的證據，只要適度地說理，犯罪嫌疑人往往就會認罪。如果能進而分析認罪的好處，並舉出具體事證，犯罪嫌疑人更願意自白。

二、因無可狡辯而自白

詢問者雖缺乏關於犯罪嫌疑人明確的涉案證據，卻可敏銳掌握其供述內容本身的疑點及前後供述的矛盾。

三、因成功晤談而自白

詢問主要是在處理犯罪者的情緒問題與犯罪案件的事實問題，兩者具有先後關係，晤談集中處理情緒問題而非事實問題。晤談愈深入而完整，取得自白的可能性愈高。成功的晤談，甚至可以直接獲得自白。

四、因有利可圖而自白

是否有利可圖，大多與法律規定有關，也經常涉及利益交換、恩惠施捨或實質幫忙。其實，幫忙有時未必要大費周章。例如，如果犯罪嫌疑人擔心被收押服刑時，兒女乏人照顧，只要找到親戚或請社會單位協助處理，要取得自白並非難事。

五、因驚慌失措而自白

最常見者為羈押禁見，特別是事出突然地面臨這種強制處分，最易使犯罪嫌疑人立刻陷入孤立無援、社會關係斷絕、家居生活隔離，甚至個人尊嚴掃地，惶惶不可終日，只好自白認罪以求解脫。

六、因共同犯罪者的矛盾而自白

共同犯罪者彼此的矛盾，諸如驚覺被出賣、背叛、利益衝突、分贓不均、未受公平對待、尊嚴受損，確實會憤而供出共同犯罪者及其作案經過。

七、因詢問者魅力而自白

此所謂的魅力，指的是詢問者具有非凡能力，可以憑三吋不爛之舌，在證據並不充分的情況下，讓被詢問人坦然認罪。這種能力大多與生俱來，很難完全依賴後天培養，更與官位高低毫無關係，故以魅力稱之。

提出良好的偵訊問題，需注意到③：

1避免使用第三人稱。

2適當地使用封閉性的問題。封閉性問題一般只需要對方簡單地回答是或不是，或者是無法否認的事實如姓名、地址等資料。此類型問題用於面談開始的時候，以鼓勵正面回答問題並有舒緩受訪者的功能。

3適當地使用開放性的問題。開放性問題常以何人、何事、何地、如何、為何做為開頭之陳述性問題而且不能只簡單地回答是或不是：

(1)反射性問題：常用以處理受訪者拒絕表達意見的時候……重複說出受訪者不願表達意見的原因，以清除障礙得到對方的合作。協助受訪者有個比較安全舒適的感覺以回答下一個問題。

(2)指向性問題：大部分的刑事偵查問題是指向性問題。就直接問想問的問題，讓受訪者了解到你相信他們已經有心理準備、願意、也能夠回答的問題。

(3)非指導性問題：非指導性問題可以讓受訪者表達看法、建議、感受等。能夠給受訪者一種比較寬容的氣氛……也可以做為擴散問題來使用。

(4)自我評估問題：用於激勵對話、鼓勵受訪者辨識犯罪行為、顯示真實或說謊行為。如「你是否曾經想過在這兒偷些錢？」

(5)轉移性問題：轉移性問題有兩個目的，一是將受訪者從容易導致緊張的主題上轉移，一是建立雙方的投契關係。

(6)引導性問題：內容包含偵查者的部分假設。……隱含了假設並且要受訪者做進一步解釋。

4問題要簡單。

5避免一個問題含有兩個意義。

6勇於詢問尖銳問題。

7使用肯定回答「是」的問題。

8適當使用引導問句以協助受訪者合理化或留點面子。

9使用自我評估問句如：「以前是否想過偷取公司的錢，雖然沒實際做過？」

10 小心處理試放汽球問題——受訪者即將說出重要的內情。當受訪者放出試探汽球不要戳破，受訪者可能會認罪。

11 假設所有的問題都有充分的資料可查。

中國古代司法偵訊並未使用如此多的技巧，更多是運用了為數不少的兵法觀念。限於篇幅，本章僅舉六種古代常見的偵訊技巧。

① 鄭厚堃《犯罪偵查學》（桃園：中央警官學校出版社，一九八六年初版，二〇〇一年修正版），頁三三八至三三九。

② 莊忠進《偵訊學》（臺北：商鼎文化，二〇一一年），頁四九至六〇。

③（美）查理士．耶契可著，王寶墉譯《偵訊的藝術——突破心防的偵查技巧》（臺北：鼎茂圖書，二〇〇〇年），頁一五八至一六七。

高柔戳謊撼殺手——望聞問切

【案例出處】

本文選自晉陳壽《三國志・魏書・高柔傳》。本案承辦人高柔字文惠，陳留圉人。三國時期曹魏大臣，以善於治法聞名。從小吏任起，二十年後官至九卿。任廷尉二十三年後，升任太常。七十二歲時出任司空。高平陵之變時支持司馬懿，據曹爽大營，以假節行大將軍事。數年後榮升太尉，進爵安國侯。景元四年卒，享年九十歲，謚元侯。高柔仕曹操及曹氏五位皇帝，見證了曹魏政權的興衰。

【原文及白話意譯】

【原文】

護軍營士竇禮近出不還，營以為亡，表言逐捕，沒其妻盈及男女為官奴婢。盈連至州府，稱冤自訟，莫有省者。乃辭詣廷尉。柔問曰：「汝何以知夫不亡？」盈垂泣對曰：「夫少單特①，養一老嫗為母，事甚恭謹，又哀兒女，撫視不離，非是輕狡不顧室家者也。」柔重問曰：「汝夫不與人有怨讎乎？」對曰：「夫良

【白話意譯】

護軍營的兵士竇禮最近出門卻沒返回，營裡以為他逃亡了，上表要發布通緝，還沒收他的老婆盈和他的小孩為官奴。竇禮老婆盈好幾次到州府裡喊冤，但沒人幫他查明。於是她去拜見廷尉。高柔問他：「你何以知道丈夫不是逃亡去了？」盈一邊哭一邊回答：「我老公從小就是獨子，和母親相依為命，對母親很孝順，又很疼小孩，常常照顧小孩到捨不得離開，他不是那種輕浮不顧家庭的人。」高柔再問：「你老公和他人有結下怨仇

善，與人無讎。」又曰：「汝夫不與人交錢財乎？」對曰：「嘗出錢與同營士焦子文，求不得。」

時子文適坐小事繫獄，柔乃見子文，問所坐。言次曰：「汝頗曾舉人錢不？」子文曰：「自以單貧，初不敢舉人錢物也。」柔察子文色動，遂曰：「汝昔舉竇禮錢，何言不邪？」子文怪知事露，應對不次。柔曰：「汝已殺禮，便宜早服。」子文於是叩頭，具首殺禮本末，埋藏處所。柔便遣吏卒，承子

嗎？」盈回答：「老公個性善良，沒和人結仇。」高柔又問：「你老公和人有無財務上的往來？」盈回答：「曾經借錢給同營的同袍焦子文，錢卻討不回來。」

剛好焦子文因犯了小事被關在獄中，高柔於是召見焦子文，問他犯了什麼事。再隨意問他：「你曾向別人借錢嗎？」焦子文說：「我從小就是窮孤兒，全然不敢向人借錢。」高柔發現焦子文臉色有變，便說：「你之前跟竇禮借錢，怎麼不說？」焦子文奇怪高柔怎麼會知道，講話緊張得語無倫次。高柔再問：「你早就殺了竇禮了吧！快快招來對你有利。」焦子文於是叩頭自首，把殺人過程和埋屍所在全都一五一十地招出。高柔再叫吏卒照著

文辭往掘禮，即得其屍。詔書復盈母子為平民。

——焦子文所說去起出竇禮的屍體，並下令讓竇禮的妻兒全都恢復平民身分。

①單特，即孤獨、孤寡。《後漢書·蘇不韋傳》：「豈如蘇子單特子立。」

【犯罪偵查原理簡析】

「望聞問切」本是中醫診斷病患病情的四種方法：觀察氣色、觀察病癥、詢問病情、把脈診測。應用在偵訊方面，即是觀察犯罪嫌疑人各方面的表現①：一名出色的偵查人員的必要條件之一，就是對人類深刻的洞察，生活中的一切都可以利用：每一段對話、每一個陳述、每一句不小心說出口的話、一舉一動、呼吸、各種特徵、各種行為、任何一個神情或姿勢。②

心理決定行為，行為是心理的外在表現。這一心理學的基本原理，早在古代中國就被廣泛地運用於辦案之中。古人辦案，不僅通過分析、觀察犯罪嫌疑人的眼神、表情、語言、動作來瞭解其真實的犯罪心理，還往往以此識別真假犯罪人，推斷案情的是非曲直。③

除了刑訊，中國早在西周時期便出現了「以五聲聽獄訟，求民情」（《周禮・秋官・司寇》）的訊問方法。「五聽」即辭聽、色聽、氣聽、耳聽、目聽。《尚書・呂刑》中記載：「兩造具備，師聽五辭。」這是要求雙方當事人都必須到庭對質，接受審訊，在制度上給「五聽」的方法提供保障。秦代《封診式・治獄》中明確規定了評價訊問成敗的標準：「毋笞掠而人情為上，笞掠為下，有恐為敗。」④

晉張斐認為：「心感則情動於中而形於言，暢於四肢，發於事業。故奸人愧而面赤，內飾而色奪……仰手似乞，俯手似奪，捧手似謝，擬手似訴，拱臂似自首，攘臂似格鬥，矜莊似威，怡悅似福，喜怒憂懼，貌在聲色。奸真猛弱，候在視息。」（《晉書・刑法志》）

宋鄭克《折獄龜鑑》也說：「兇殘之人，氣貌當異」（〈察慝〉），「其色非常，其言有異，必奸詐也。」（〈察奸〉）因此，「奸人之匿情而作偽者，或聽其聲而知之，或視其色而知之，或詰其辭而知之，或訊其事而知之。」（〈懲惡〉）

這種觀察嫌疑人神色以辨別所言是否為真的一種偵訊技巧，類似今日的測謊。

一、測謊四項觀察項目⑤

1自在／不安——顯示不安的線索：坐立不安、瞬間凝結、急欲離開、疏遠的動作、阻隔；眼皮更會說話：摸頭、眼睛、眨眼的頻率。

2加強語氣——絕大多數說謊的人並不會加強語氣；說實話整個身體都在說話、手勢、對抗地心引力。

3同步性——說謊身體各部分表情不一致、時間空間與情緒的矛盾。

4認知管理——說謊者會企圖誤導調查員。⑥

二、測謊四項觀察項目⑦

1 超語言

面臨切身、關鍵或非預期問題時，會因思考利害關係而有延遲回答的現象；談話時出現較多的停頓及不流暢、修正；沉默時間增多增長；講話速度變慢。

2 臉部表情

洩漏隱瞞情緒的表情

- 當臉部突然湧現害怕、心虛或罪惡感的細微表情時，經對照當時的情境與談話內容，通常可以判斷是否在說謊。
- 遏制住的表情。當發現細微表情洩漏害怕等情緒時，當事人通常會立刻加以遏止或透過另外一種表情來掩飾，微笑是最常用的掩飾表情。
- 臉部肌肉的變動。形成臉部表情的肌肉並非皆可控制。當情緒真誠流露時，會自然牽引某些難以控制的臉肉。例如，微笑時眼輪匝肌會將臉頰肌肉與前額肌肉拉向眼瞼，顴大肌同時將唇角往上拉，形成一個角度。情緒較強烈時，眼輪匝肌與顴大冗在眼角處形成魚尾紋，眼睛下方的皮膚成袋狀鬆鬆垂下。因為顴大肌為隨意肌而眼輪匝肌為非隨意肌，假笑時僅有嘴部而無眼部動作。

● 眼睛的訊息

■ 凝視的方向與眼神接觸的情形，會因不同情緒而變化。例如，羞愧或有罪惡感時，眼睛會往下或往旁邊看。害怕時，會避開對方的眼神或看地板；然而，善於權謀的說謊者，往往會反其道而行，故意凝視對方以掩飾真正的情緒或表達虛偽的情感。

■ 瞳孔放大。害怕時因交感神經作用而促使瞳孔放大；但瞳孔放大未必一定是害怕，興奮或生氣均有可能。

■ 臉色。人們覺得羞愧或有罪惡感時，臉色變紅；害怕時，臉色變白，這是自主神經系統的反應，當事人很難遏止或隱匿。

假裝真實情緒的表情

● 不對稱的表情。所謂不對稱係指扭曲、不協調的表情……做作的、裝出來的表情，比較常出現不對稱的情形。

● 時間配合不當。長時間的表情，如超過十秒鐘，很可能都是假的。

●相關反應不協調。顯露情緒的表情、語言、音調與身體動作等等，應該是配合無間，如果步調不一，就可能是說謊的破綻。

身體動作

●手勢：一般而言，不完全的、不是出現在正常位置的或矛盾的象徵手勢，隱含某種異常訊息被抑制或隱瞞。其次是說明的手勢……一般而言，所說的話牽連愈深，所要表達的情緒愈強，說明的手勢就愈多，與此有違，通常是說謊的跡象。

●搔弄動作：人在隨性不受拘束時，會做出很多搔弄動作。在正式場合，和不熟悉的人在一起或覺得不舒服的時候，搔弄的動作也會增加。

●身體姿勢的變動：一般而言，說謊時身體姿勢通常會變動，如果硬要加以抑制，就會顯得僵硬而不自然……腿與腳等遠離臉部的身體部分，說謊者比較不會刻意去掩飾，容易顯露出與口語及非口語行為矛盾的情緒，而為判斷是否說謊的依據。

●口語訊息。像是說溜嘴或激烈的長篇大論。

雖說有以上的觀察重點可以注意嫌疑人是否在說謊，但在使用時還是要慎重，因為偵查人員在偵測謊言時常犯以下幾種錯誤⑧：說實話的人若覺得自己不被相信，可能露出與說謊者相似的情緒；不相信真相，卻選擇相信謊言；欺騙的訊號出現時，並不代表對方正在說謊；沒有出現欺騙的訊號，不表示這個人正在說實話；調查員太自以為擁有獨門絕技，可以辨識謊言，反而自誤。

① （奧）漢．葛羅斯《犯罪調查》，一九〇七年，轉引自（美）布萊恩．隱內著、吳懿婷譯《犯罪心理剖繪檔案》（臺北：商周文化，二〇一二年八月二版二刷），頁二九。

② 林吉鶴《犯罪偵查理論》（桃園：中央警察大學，一九九八年十月），頁二一至三一，也提到一名成功的偵查人員應具備好奇心、觀察力、堅毅力、隨機應變等要素。

③ 栗克元〈中國古代辦案常用心理對策初探〉，《史學月刊》五期，一九九八年，頁一〇六。

④ 秦文超〈中國古代偵查方法及興衰原因之分析〉，《江西公安專科學校學報》一三一期，二〇〇九年七月，頁五一。

⑤ 美喬．納瓦羅、約翰．薛佛《ＦＢＩ這樣學套話——讓他不知不覺說真話》（臺北：大是文化，二〇一〇年），頁一一二至一一二。

⑥ 在非言語行為方面，他們會過度頻繁地打呵欠，表現出一副無精打采的樣子，要不就是四仰八叉地攤在沙發上，伸展手臂占據更多空間，讓人以為他們很自在。在言語上，說謊者會竭盡所能力陳他們的誠實正直，以及不可能參與犯罪行動，盡量讓調查員覺得他們「看起來沒問題」。他們可能用一些搪塞之詞達到認知管理，例如：「我絕對不可能傷害別人」、「說謊有失我的身分」、「我從來不說謊」……其他形式的認知管理還包括，對方帶著某位舉足輕重的社會人士前來應訊，或是在約談的重要關頭丟出所謂「高級長官」的名字。此外，說謊者可能先喝一點酒或服用鎮定劑，讓自己看起來從容不迫。他們也可能改變衣著或髮型，好能看起來更加真誠，或是設法讓外表顯得不惹眼。

⑦ 莊忠進《偵訊學》（臺北：商鼎文化，二〇一一年八月），一五五至一六三。

⑧ 德保羅．艾克曼《說謊：揭開商場、政治、婚姻的騙局》，臺北：心靈工坊，二〇〇五年。

【古代其他相關案例舉隅】

出處	元脫脫等《宋史・俞獻卿傳》
原文	（俞）獻卿起家補安豐縣尉。有僧貴寧，積財甚厚，其徒殺之；詣縣紿言師出遊矣。獻卿曰：「吾與寧善，不告而去，豈有異乎？」其徒色動，因執之，得其所瘞①屍，一縣大驚。
白話意譯	俞獻卿一開始出仕是補安豐縣尉的職位。當地有位僧侶叫貴寧，累積了不少錢財，結果被他徒弟給謀財害命了；徒弟還謊稱師父遠遊去。俞獻卿說：「我和貴寧交情不錯，他沒跟我打招呼就出遠門，這不是很奇怪嗎？」徒弟聽了臉色有變，俞獻卿便把他抓了起來，訊問後起出被徒弟所掩埋的貴寧死屍，全縣都十分驚服俞獻卿的明察。
注釋	①瘞，指埋葬。晉潘岳〈西征賦〉：「夭赤子於新安，坎路側而瘞之。」

出處	元脫脫等《宋史・單煦傳》
原文	（單煦）徙清平軍使。有二盜殺人，捕治不承。煦縱使之食，甲食之既，乙不下嚥。執而訊之，果殺人者。
白話意譯	單煦改調清平軍使。有二人是強盜殺人案的疑犯，被抓來審訊卻都不承認。單煦讓手下給他們準備吃的，甲開心的吃，乙卻心事重重，食不下嚥。把後者抓起來審訊，他果然就是殺人兇手。

趙和喧賓破鄰案——虛張聲勢（嚇）

【案例出處】

本文選自唐高彥休《唐闕史・趙和》。《唐闕史》是唐代筆記小說集，此書自序作於僖宗中和四年，主要記載晚唐時期的歷史故事，一部分帶有神怪色彩，文筆比較艱澀。本案承辦人趙和為唐天水人，先任江陰令，因能片言折獄，有政聲，遷任劇邑宰，其餘生平不詳。

【原文及白話意譯】

【原文】

時有楚州淮陰農，比莊俱以豐

【白話意譯】

當時楚州淮陰一名農夫，看到接鄰的農莊因為好年冬賺了不少錢。於是打算在歲而貨殖焉。其東鄰則拓腴田數百畝，資鏹①未滿，因以莊券質於西鄰，貸緡百萬，契書顯驗。且言來歲資本利以贖。至期，果以腴田獲利甚博，備財贖契。先納八百緡，第檢置契書，期明日以殘資換券。所隔信宿，且恃通家②，因不徵納緡之籍。明日，齎③餘鏹至，遂為西鄰不認。且以無保證，又乏簿籍，終為所拒。

　東鄰冤訴於縣，縣為追勘，無以證明。邑宰謂曰：「誠疑爾冤，其如官中所賴者券，乏此以證，何

東邊開墾肥田數百畝，但資金不夠，於是用田契為質，向西鄰借了百萬緡錢，還立了契約書當證明。說好明年連本帶利把契約和田契贖回。期限到了，果然因為肥田收穫很好，賺了不少錢，準備好本金利息就要贖回文書，先還八百緡，並要西鄰準備好文書，等到隔天再把尾款還清，把文書取回。由於只隔一晚，雙方又是世交，所以先還的那筆錢並未打下文書證明。隔天把尾款拿去還，西鄰竟然不承認前一條款項，由於沒有證人和文書證明，西鄰一直不肯把文書還給東鄰。

　東鄰覺得冤枉，便到縣衙投訴，縣裡幫他追究，卻無文書佐證。邑宰說：「我真的覺得你很冤枉，不過打官司就是要看文書，你沒有證明，我該如何幫你

朮理之？」復訴於州，州不能理。東鄰不勝其憤，遠聆江陰之善聽訟者，乃越江而南，訴於趙宰。

趙宰（趙和）謂曰：「縣政地卑，且復逾境，何計奉雪？」東鄰則冤泣曰：「此地不得理，無由自滌也。」趙曰：「第止吾舍，試為思之。」經宿，召前曰：「計就矣，爾果不妄否？」則又曰：「安敢誣？」趙曰：「誠如是言，當為寘④法。」乃召捕賊之幹者數輩，責牒至淮壖，曰：「有嘯聚而寇江者，案劾已具，言有同惡相濟者，

調查？」這案子上訴到州府，一樣無法處理。東鄰實在吞不下這口氣，聽說江陰有官員很會判案，於是越過江水，到趙和這裡來喊冤。

趙和說：「我們這裡是個小地方小衙門，而且你的案子離我們轄區很遠，我要怎麼幫你洗刷冤屈？」東鄰委屈地哭說：「在這裡若還討不到公理，也沒有他處可以讓我洗刷冤屈了。」趙和說：「你先在這裡住下，我來幫你想想辦法。」過了一晚，趙和召來東鄰說：「方法幫你想好了，你所言不假吧？」對方答說：「怎敢亂誣陷別人？」趙和說：「如果你說的是真的，我想辦法幫你伸張正義。」於是召集很懂得抓賊的手下，拿著拘票到江界上，通知鄰縣說：「有人在江上聚眾搶

在某處居，名姓形狀，具以西鄰指之，請梏送至此。」

先是鄰州條法，唯持刀截江，無得藏匿。迫牒至彼，果擒以還。然自恃無跡，未甚知懼。至則旅於庭下。趙厲聲謂曰：「幸耕織自活，何為寇江？」囚則朗叫淚隨曰：「稼穡之夫，未嘗舟楫！」趙又曰：「證詞甚具，姓氏無差，或言偽而堅，則血膚取實。」囚則大恐，叩頭見血，如不勝其冤者。趙又曰：「所盜幸多金寶錦彩，非農家所置蓄者。汝宜籍舍之產以辯之。」

劫，案子已經調查清楚，貴縣有人協助他們一起作亂，就住在某處，姓名樣貌都和西鄰的特徵完全符合，請把他押解到本縣。」

原來鄰州有明文規定，只要是持刀在江上搶劫，這是不能藏匿的重罪。出了拘票到鄰縣，果然很快地西鄰就被押捕而來。由於西鄰自認並未幹下壞事，一點兒都不害怕。長途跋涉，好不容易押到公堂之上，趙和大聲質問：「你既然是種田自活的農夫，為什麼還要在江上搶劫？」西鄰被囚，大聲哭叫：「我是個只懂種田的農夫，怎會懂駕船搶劫？」趙和又說：「證據證詞都在，姓名也和你相符，如果你假話說得像真的一樣，我就只好施刑以取得實情。」西鄰嚇死了，拼命叩頭，叩囚意稍解，遂詳開所貯者，且不虞東鄰之越訟也。乃言：稻若干斛，莊客某甲等納到者；細絹若干疋，家機所出者；錢若干貫，東鄰贖契者；銀器若干件，匠司鍛成者。

趙宰大喜，即再審其事，謂曰：「如果非寇江者，何謂諱⑤東鄰所贖八百千？」遂引訴鄰，令其偶⑥證。於是慚懼失色，祈死廳前。趙令桔⑦往本土，檢付契書，然後置之於法。

到額頭冒血，好像真的蒙受很大冤屈。趙和又說：「好在被搶的多是金銀珠寶布錦，不是一般農家會買來儲蓄的。你最好把你家的財產弄個清單來做證明。」西鄰的精神於是稍稍寬解，再一個個把家中所貯放的財物一個個清算，也沒想到東鄰可能越區控訴這件事。還一個個說明：稻有若干斛，是佃戶某家納來的；細絹若干疋，是自己家紡織機生產的；錢若干貫，是東鄰納來贖回田契的；銀器若干件，是請某工匠幫忙打成的。

趙和聽了非常高興，接著再審東鄰的控訴案說：「如果你不是在江上打劫的強盜，為何先前隱瞞不承認東鄰先還給你的八百緡？」再把東鄰叫喚出來，讓他佐證，西鄰於是慚愧得臉色蒼白，在公堂上大喊死罪。趙和再令手下將之押回本縣，找出相關契書，然後加以依法判刑。

---

①資鏹即資財。

②通家猶言世交。《後漢書．孔融傳》：「語門者曰：『我是李君通家子弟。』」

③齎，即遣送。《周禮．春官．小祝》：「及葬，設道齎之奠，分禱五祀。」鄭玄注：「齎，猶送也。送道之奠，謂遣奠也。」

④寘，指處置、處理。《文選．曹植〈責躬詩〉》：「國有典刑，我削我黜。將寘於理，元兇是率。」李善注引《魏志》：「有司請罰植罪。」

⑤諱，即隱諱、隱瞞。《左傳．昭公十六年》：「十六年春王正月，公在晉，晉人止公。不書，諱之也。」

⑥偶，於此指配合、輔助。《尚書．君奭》：「汝明勗偶王，在亶，乘茲大命。」孔穎達疏：「偶，配也。」

⑦桔本指直木。《說文．木部》：「桔，一曰直木。」明徐弘祖《徐霞客游記．江右游日記》：「一隙岈然若門，側身而入，其門高五、六尺，而闊僅尺五；上下二旁，方正如從繩掣矩，而檻桔之形，宛然斮削而成者。」這裡引伸指直接。

【犯罪偵查原理簡析】

本案承辦人趙和承接了鄰縣的民事案件，由於債權人不承認債務人先行歸還的一部分款項。趙和於是虛張聲勢，指控債權人是江洋大盜，逼得債權人一一交待家中財物的由來，間接證實現金就是債務人所歸還的一部分欠債，還給債務人一個公道。

其實偵訊就是一場表演。是一場偵查人員掌控全場的表演。現代偵訊法中也有所謂的「表演唱戲法」。①表演唱戲法要成功，一是要掌握主控權。詢問人員雖然要傾聽被詢問人的心聲，同理其感受；然而，誰能主導詢問的氣氛，誰就會勝出，詢問人員要態度堅定，情緒平穩，言語明確，顯現專業控制詢問的節奏，主導詢問的進行。②當處於主控的約談環境時要主導時間、空間；當處於被控的約談環境時要步伐不疾不徐、挑選椅子、主動改變家具的位置、最後才坐下、擴大空間領域③。由於犯罪嫌疑人一旦供認犯罪，不但身敗名裂，抑且失去自由、甚至生命，面對詢問自是卯足精神，全力抗辯。相較之下，詢問人員如缺乏敬業精神，沒有鍥而不捨的精神，詢問終歸失敗，自是可期。④

除了主控性，這場表演的對話、道具、服裝以及演員（你）都舉足輕重。表演唱戲法要成功，二是要詳細規劃。事前你要規劃偵訊的地點（舞台）與時間，寫下套話的腳本，決定演員，並挑選可以達成目標的道具。編寫腳本很重要。傑出的調查員會先編寫腳本，並盡可能默記案件中的資料。語言能力是調查員的主要工具。偉大的哲學家維根斯坦曾說：「我的語言能力的極限，就是我世界的極限。」調查員在進行約談之前，應要通曉街頭俚語或專有術語……任何表演要成功，排練非常重要，約談也是。⑤

特別是在證據不足時，為了讓犯罪嫌疑人確信偵查人員已經掌握了事證，有時必須裝得一付胸有成竹的樣子。或者用道具虛張聲勢，套出真話。道具可強化調查員的言語及非言語訊息，同時也對被約談者傳達無聲的警告，讓他依據自己的犯罪意識加以解讀。……證據越是有力，不管是實際如此或只是對方主觀認知，犯罪嫌疑人越有可能坦白供認。道具可以讓對方以為你擁有強力證據。約談前應妥善規劃道具的使用、謹慎決定每種道具的用途，並預估對犯罪嫌疑人產生的影響。⑥或者是先用一個重罪套在嫌疑人的頭上，逼他承認真正犯下的輕罪。

虛張聲勢，也可以是精神克服的方法，透過持續的溝通與說服，讓犯罪嫌疑人不堪體力、精神、壓力的負荷；或者對其所提出的辯解，以證據資料、經驗法則或論理法者，逐一駁斥，使其理虧氣餒，無力再辯解而取得自白。⑦

①莊忠進《偵訊學》（臺北：商鼎文化，二〇一一年），頁一六至一八。
②莊忠進《偵訊學》（臺北：商鼎文化，二〇一一年），頁一〇至一三。
③美喬・納瓦羅、約翰・薛佛《FBI這樣學套話──讓他不知不覺說真話》（臺北：大是文化，二〇一〇年），頁六九至七五。
④莊忠進《偵訊學》（臺北：商鼎文化，二〇一一年），頁一〇至一三。
⑤美喬・納瓦羅、約翰・薛佛《FBI這樣學套話──讓他不知不覺說真話》（臺北：大是文化，二〇一〇年），頁三四至三五。
⑥美喬・納瓦羅、約翰・薛佛《FBI這樣學套話──讓他不知不覺說真話》（臺北：大是文化，二〇一〇年），頁四九。
⑦莊忠進《偵訊學》（臺北：商鼎文化，二〇一一年），頁一六至一八。

【古代其他相關案例舉隅】

出處	五代・晉劉昫等《舊唐書・張允濟傳》
原文	張允濟，青州北海人也。隋大業中為武陽令，務以德教訓下，百姓懷之。元武縣與其鄰接，有人以牸牛①依其妻家者八九年。牛孳產至十餘頭，及將異居，妻家不與，縣司累政不能決。其人詣武陽質於允濟，允濟曰：「爾自有令，何至此也？」其人垂泣不止，具言所以。允濟遂令左右縛牛主，以衫蒙其頭，將之詣妻家村中，云捕盜牛賊，召村中牛悉集，各問所從來處。妻家不知其故，恐被連及，指其所訴牛曰：「此是女婿家牛也。非我所知。」允濟遂發蒙，謂妻家人曰：「此即女婿，可以牛歸之。」妻家叩頭服罪。元武縣司聞之，皆大慚。
白話意譯	張允濟是青州北海人。隋大業年間擔任武陽令，用德行教導下民，百姓都很感激。……元武縣就在武陽縣旁，有個人將母牛寄養在妻子娘家八九年。母牛生了十幾頭牛，這人即將要離開娘家，想要把母牛和小牛給要回來，娘家的人不給，這案經過幾任縣令都不能明斷。 母牛主人於是跑去武陽縣拜見張允濟，並問他該怎麼辦，張允濟說：「元武縣也有縣令，為何你跑到我這兒來伸冤？」牛主人哭個不停，把事情來龍去脈說了一遍。

白話意譯

張允濟便叫左右把牛主人綁起來，再用衣衫把臉給蒙住，並將之抓到牛主人娘家村中，說抓到了個盜牛賊，並把村中的牛全集中起來，想要一一問明來處。牛主人娘家人不曉得發生什麼事，害怕被牽連，當問到牛主人的牛時便急忙說：「這是我女婿家的牛，來歷如何我不知道。」張允濟當下把牛主人頭上的衣衫取下，再跟他娘家說：「這就是你女婿吧，請把牛還給他。」牛主人娘家人馬上叩頭認罪。元武縣府的官員得知此事，都慚愧的不得了。

注釋

①牸牛，即母牛。漢焦贛《易林・訟之井》：「大壯（牡）肥牸，惠我諸舅，內外和穆，不憂飢渴。」

出處

元脫脫等《宋史・劉宰傳》

原文

鄰邑有租牛縣境者，租戶於主有連姻。因喪會，竊券而逃。它日主之子徵其租，則曰：「牛鬻①久矣。」子累年訟於官，無券可質，官又以異縣置不問。至是訴於宰，宰曰：「牛失十載，安得一旦復之？」乃召二丐者勞而語之故，托以它事繫獄，鞫之，丐者自詭盜牛以賣，遣詣其所驗視。租戶曰：「吾牛因某氏所租。」丐者辭益力，因出券示之。相持以來，盜券者憮然②，為歸牛與租。

白話意譯

鄰邑有人來本縣租牛，租戶和牛主人是連姻關係，假意要奔喪，卻偷偷拿了租約逃回去。某天牛主人的兒子要去取租金，租戶說：「牛老早就賣掉。」牛主人之子花了好幾年時間告官，但因為沒有租約為證，官員又以此事發生在他縣，並不加以追究。牛主人之子於是來劉宰這裡投訴。劉宰說：「牛已經丟了十年，怎可能一天就找回來？」不過他找來二名乞丐，給予吃食慰勞，並請他們幫忙，先假借其他原因把這二名乞丐給關押，再審訊他們，讓他們假裝招出自己是盜牛賊，牛已被賣到租戶家；再叫下屬到租戶家查贓。租戶說：「我這牛是從某氏那租來的。」乞丐聽了指認得更為堅定，租戶於是出示租約來證明。再將牛主人之子給帶來，偷租約的租戶臉色蒼白，便將牛還給牛主人之子了。

注釋

①鬻，即賣。《孟子．萬章上》：「百里奚自鬻於秦養牲者。」

②憮然，指受到驚嚇的樣子。《後漢書．文苑傳下．禰衡》：「時衡出，還見之，開省未周，因毀以抵地。表憮然為駭。」李賢注：「憮然，怪之也。」

陳表以誠收施明 ⊕ 溫情攻勢

【案例出處】

本文選自晉陳壽《三國志・吳書・陳武傳（附陳表）》。本案承辦人陳表字文奧，廬江松滋人。三國時期東吳將領陳武的庶子，官至偏將軍、都鄉侯。陳表對朋友很講義氣。吳國的尚書暨豔是陳表的朋友，後來暨豔犯了事，當時的人都為了保全自己而沒人肯為他說情，唯獨陳表沒有這麼做。陳表在親人之間的大義上也很公正。陳表的異母嫡兄陳修去世後，母親不願意去照顧嫡母，在陳表的勸說下，他的母親和嫡母終於和好。

【原文及白話意譯】

【原文】

時有盜官物者，疑無難士施明。明素壯悍，收考極毒，惟死無辭。廷尉以聞，（孫）權以表能得健兒之心，詔以明付表，使自以意求其情實。表便破械沐浴，易其衣服，厚設酒食，歡以誘之。明乃首服，具列支黨，表以狀聞。權奇之，欲全其名，特為赦明，誅戮其黨。遷表為無難右部督，封都亭侯，以繼舊爵。

【白話意譯】

當時有官府財物遭人偷走，疑犯就是無難當地的勇士施明。施明非常壯悍，就算將他抓起來嚴加拷問，他死也不招。廷尉將此事報告孫權，孫權認為只有陳表能和這樣的壯士交心，於是下詔將施明交給陳表處置，希望能讓施明主動招供以瞭解案情。陳表一見到施明，馬上去掉他的戒具，還讓他洗個舒服的澡，並讓他穿上好衣服，準備好吃的酒肉，讓他開心享受。施明得到隆重款待，於是認罪，還把他的黨羽全都給供了出來。陳表再向孫權回報。孫權很訝異陳表的手段，為了讓陳表給施明好交代，便赦免施明的罪，再將他的同黨全部誅殺。並將陳表調任到無難擔任右部督，並贈封都亭侯，舊有的爵位仍然延繼。

【犯罪偵查原理簡析】

本案承辦人陳表並不把施明當作十惡不赦的大盜，而是像對待朋友、重要人士一樣，給予衣服酒食等良好的待遇，這個舉動讓施明有了比較心：陳表對我比較好。一有了這樣的想法，官盜之間的友誼就建立起來。為了不讓朋友陳表難做人，施明於是便把所有昔日的同伙給全盤託出。陳表當然也沒對不起朋友施明，也赦免了施明的罪。

偵訊務必要客觀。客觀就是不要讓個人的情緒、偏見、喜好、刻板印象影響判斷。人是根據意志行事，當主觀認定被詢問人是獐頭鼠目的壞蛋、是罪不可赦的萬惡之徒，就會盲目地想要把他繩之以法，將一切對他有利的說辭，簡化成狡辯或虛構，進而形成致命的錯誤，使偵查工作失去先機，陷入難以承受的風暴，此即所謂「愛之欲其生，惡之欲其死」。除了惡性慣犯，不是每個犯者都是窮凶惡極，有些犯罪之後就開始後悔者，甚至被逮補之際就自動供認犯罪者，還頗值得同情。因此，即使是面對冥頑不靈的人，詢問態度還是要誠懇，一種出於內心的關懷。如果司法警察人員以敵對態度開始詢問，對方一定以防衛的態勢，在對抗的氛圍下，很難取得真實的供述。①

偵訊的過程也很容易忽略偵訊者和被偵訊者文化與種族的差異②：被約談者的文化及種族背景應慎重考慮。如果調查員和被約談對象來自不同的文化背景，可能會發生重大的溝通差異。優秀的調查員應該先了解不同種族的風俗習慣及文化傳統，才能判斷某種行為模式在特定文化背景中是否正常。

如果能巧妙地彌平這種差異，會讓被偵訊者具有親切感。彌平這種差異的方法主要就是拉關係，如人不親土親的呼喚鄉親、校友等。再利用溫情攻勢，使得被偵訊者認為你在幫他、為他著想，很容易地就能取得自白。偵訊的技巧方法中有一種叫：「同理感動法」，係以同理心讓對象抒發負面情緒與壓力，取得其信任而願意供認。就是這個意思。③

融洽和諧的關係可以產生信任感，在約談雙方的心裡搭起溝通的橋梁。如果沒有融洽的關係，對方是不可能對你傾吐祕密的。關係的建立要在約談的最初幾分鐘就開始，先觀察對方，評估其舉止和心理狀態像是衣服、珠寶、刺青與汽車等物品，都是透露社會地位與政治意識形態的有效指標。你越能快速判斷犯罪嫌疑人或證人的心理狀態，對方吐實的機會就越大。④

①莊忠進《偵訊學》（臺北：商鼎文化，二〇一一年），頁一〇至一三。
②美喬・納瓦羅、約翰・薛佛《FBI這樣學套話——讓他不知不覺說真話》（臺北：大是文化，二〇一〇年），頁六〇。
③莊忠進《偵訊學》（臺北：商鼎文化，二〇一一年），頁一六至一八。
④美喬・納瓦羅、約翰・薛佛《FBI這樣學套話——讓他不知不覺說真話》（臺北：大是文化，二〇一〇年），頁七九。

【古代其他相關案例舉隅】

出處	宋鄭克《折獄龜鑑・桑懌得衣》
原文	桑懌嘗居汝、潁間。諸縣多盜，自請補耆長①，往來察奸匪，因召里中惡少年戒之曰：「盜不可為，吾不汝容也。」有頃，里老父子死未斂，盜夜脫其衣去，父不敢告官。懌疑少年王生者為之，夜入其室，得其衣，而王生未之知也。明日，見而問之曰：「爾許我不為盜，今盜里老父子屍，非爾耶？」少年色動，即推仆地，縛之，詰共盜者姓名，盡送縣，皆按以法。
白話意譯	懌出任崇班，曾在汝水、穎水間停留。當地各縣有很多盜賊，桑懌於是請命出任捕賊官長，前去查察奸匪所在。並因此召集地方上的惡少年，告戒他們說：「歹路不可行，如果再犯，就饒不了你們。」沒多久，地方上有老父之子死了還沒入斂，盜賊夜裡把屍體的衣服給偷去，老父卻不敢告官。桑懌懷疑是少年王生幹的，半夜裡潛進他家，果然找到贓物，但王生卻一點也不曉得。隔天召王生來見，問他：「之前你答應我不再當盜賊，現在有人洗劫了老父兒子屍體上的財物，是不是你幹的？」少年臉色大變，馬上趴伏在地上，加以縛綁後詰問共犯有誰，全都送到縣衙依法論罪。

注釋

①耆長為古代差役名，職司逐捕盜賊。《資治通鑑．後周世宗顯德五年》：「庚子，詔諸州併鄉村率以百戶為團，團置耆長三人。」胡三省注：「耆，老也，每團以老者三人為之長。」

秋潮苦口度金四 曉以利害

【案例出處】

本文選自清胡秋潮《問心一隅》。本書為胡秋潮於道光二十九年前後擔任山東省東昌府博平縣知縣，可能於二十八年署理聊城縣知縣期間所審案件，包括卷上所收錄二十件與卷下所收錄二十六件，總計約四十六件案件。

【原文】

余始任博平，金家莊有金四者，殺妻投首。①余視其人一瘦怯少年，問其歲才十七。問何故殺妻，曰：「小人娶張鳳儀十五歲之女為妻，過門二載。忽於本年九月十三，張氏與鄰人高法科有私，被小人撞遇，經父親金管以顏面攸關阻止。小人氣忿不釋，遂於十九日晚上將張氏殺死。」

余即日帶領刑仵②親詣勘驗，已死張氏遍體刃傷，是一時氣忿殺死情狀。然何以金四投首之時，情詞沮喪，無兇悍之氣？且問姦五日而殺心始熾，又極如是之殘忍，其事其人恐多不類。余即謂金管曰：「爾媳張氏恐未必死於爾子之手。」金管曰：「媳婦實死於兒手。若他人殺死，兒肯依乎？媳父張鳳儀肯依乎？」從旁鄰證③初泳全即插口曰：「太爺要問殺，先問姦。姦情實，金四殺姦無疑耳。」喋喋眾口，竟難折辯。

至論高法科之與張氏有姦，則因眾證確鑿，無可抵賴矣。而張氏是否死於本夫，究竟難成信獄。④除飭將張氏棺埋⑤，餘人帶赴衙門再行研訊。

覆審三日，不易一詞。余正擬詳報，忽友人自省至，一見便問曰：「此間有命案耶？」余曰：「君何知？」友曰：「甫入境，適從偏僻小路來，聞行人竊竊語曰：『誰謂胡太爺青天？殺死張家女正兇尚安然無恙耶！』」余拍案驚曰：「果不出吾所料也。」

即日提上金四再三窮詰，並與以開導之語曰：「本縣看爾斷非殺人之人，縱爾殺人，必定有加功⑥者。丈夫因姦殺妻無罪；旁人聽從本夫加功，罪也有差。本縣今日已訪得其人矣，爾可實言，不言吃罪不起。」金四乃供出鄰居初泳全幫同獲姦，起意將張氏殺死：「小人念其激於義忿，肯替朋友出力，以故獨認投首，不忍罪加於彼屬實。」余曰：「天下豈有真幫他人殺妻者！爾等鄉曲⑦徒受人愚耳！」

人命重案，非姦即盜，男子殺婦人因姦者多，初泳全與張氏或者其不免⑧乎？且余前日驗勘之時，見其語言鋒利，目光肆動，知非好人，即密提高法科盤問：「張氏與爾通姦，此外尚有人乎？」曰：「先前有人。小人去，即便斷絕，確不知為何人也。」余曰：「無疑矣。」

惟時初永全已經釋回，連夜籤拘⑨到案。初泳全自以為自身題外，挺然不撓，余即喝問曰：「好個借刀殺人，初泳全尚裝做憒憒⑩耶！」初泳全曰：「有何證？」余曰：「在先爾證人，此刻人證爾。爾殺張氏有金四為證，姦張氏有高法科為證。活口現在，爾有何詞？」初泳全始以為金四不知姦情，才肯挺身獨認，今到水落石出，金四肯輕饒我耶？不若擔承，省受刑苦，爰遂俯首畫供，即日詳報定案。

①投首，即投案自首。《前漢書平話．卷上》：「楚之臣鍾離昧、季布二人，赦到，投首到官者無罪，官職依舊封之。」

②刑件，指件作一類之吏役。清嚴如熤《三省邊防備覽．藝文下》：「設刑件於所管地方，命案相驗，牒交印官，訊詳於屍傷，可免腐變。」

③鄰證，指具案發地緣關係的證人。

④信，原指誠信、符合事實；獄指訟案。信獄即指偵查後案情明朗，可做出正確判決的訟案。

⑤棺埋，指入斂於棺木中埋葬。

⑥加功即加工。漢班固《白虎通．五行》：「金木者不能自成，故須人加功，以為人用。」本文加功指助人犯罪。

⑦鄉曲，指偏僻的村野。《荀子．非相》：「今世俗之亂君，鄉曲之儇子，莫不美麗姚冶。」鄉曲徒意即鄉下無見識之人。

⑧此指不免與張氏有姦。

⑨籤即箋，為古時官府交由差役拘人到案的憑證；籤拘指發籤拘人。

⑩憒憒即糊塗貌。漢班固〈詠史〉詩：「百男何憒憒，不如一緹縈！」

【犯罪偵查原理簡析】

本案承辦人胡秋潮調查金四因姦殺妻案時，直覺懦弱的金四不會是殺人凶手，於是循循善誘，並分析各項法律責任，因而讓金四把誆騙他頂罪的另一姦夫鄰居初永全給招出來。秋潮的做法即今日的偵查訊問方法其中之一「論理說服法」。「論理說服法」係分析利弊得失，讓被詢問人覺得詢問人是跟他站在同一陣線，自白的好處明顯勝過否認而言。

如果將「論理說服法」配合偵訊人員之一的威脅和偵訊人員之二的利誘來演出，那就又變成「扮黑白臉法」。「扮黑白臉法」就是一人扮黑臉，一人扮白臉，兩人合演雙簧。黑臉者儘量對被詢問人施加壓力，將他推入無助求援的深淵中，再由白臉者以同理撫慰的角色出現，讓被詢問人以為找到可以活命的浮木而供認犯罪。①

不過有一種情況值得偵訊人員特別注意，那就是幾乎不費任何工夫，犯罪嫌疑人就全盤招認，這有可能是：

一、輕易自白可能是自我陷害的虛偽自白

「一個人為什麼會對其沒有作過的犯罪加以自白？特別是之後會導致一連串不利於己的後

果，甚至是被判處死刑」，是近年來英美日等國學者所關注的問題。虛偽的自白這可能導因於：一連串的錯誤相互建構形成；警方如同雙面刃偵訊策略；犯罪嫌疑人自責型的脆弱人性等等。為了避免虛偽自白，警方應建議建立偵查偏誤的預防機制，以降低偵查偏誤所造成的風險性。同時引進偵訊心理學研究，探討警方運用何種偵訊技術，及如何影響犯罪嫌疑人知覺等；由此研究為基礎，對目前掌控思維取向的偵查模式進行反省與改革，逐步提出一套兼顧保障人權與發現真實的詢問模式；並且對某些脆弱性犯罪嫌疑人，應給予特別的關照，以避免其受個人因素或社會影響，提供不正確的供述內容。警方在取得供述證據時，也要注意避免對其造成污染，並且透過全面錄音、錄影的記錄，提供後續信用性的評估。②

二、輕易自白可能是為求翻供的伏筆

對於「因為良心譴責而認罪」應該抱持必要懷疑的另一個原因是③：如果警方還未掌握有力的罪證，通常犯罪行為人是不會屈服認罪的。這是人自我保護的必然結果。因此，偵訊者對於那種「因為良心譴責而認罪」的結果應該抱持相當的懷疑。這種認罪很可能是不實的。這可能是精神異常的結果，也可能是正常為了達到某種目的，而想辦法先被警方暫時羈押。後面這種狀況，可能是犯罪嫌疑人只想暫時脫離犯罪發生地。也可能是犯罪嫌疑人想在牢裡先待一陣子，免得警方追查他所真正涉及的其他更嚴重的案件。當然，也有可能犯罪嫌疑人真的是因為良心發現而認罪。

一個藉口良心發現的厲害的犯罪嫌疑人通常會裝得讓人以為，他因為受到良心的折磨，身體和精神都已經崩潰了。另一方面，那些精神異常而認罪的人，在言行舉止上都會顯得莫名其妙的高興。他知道他認罪之後，檢方會對他提起公訴，等開庭時他再翻供，到時候也會有很充分的證據來證明他是無罪的。

有個方法可以檢視犯罪嫌疑人是不是真的良心發現而認罪，或者是精神異常，想要編故事來試試警方會不會相信他們所說的。這個技巧的前提是，還不能讓那個認罪的傢伙對案情的真相知道得太多。（再問他細節看他會不會漏出馬腳）

① 莊忠進《偵訊學》（臺北：商鼎文化，二〇一一年），頁一六至一八。

② 施志鴻《警察偵訊過程虛偽自白形成之研究》，桃園：中央警察大學犯罪防治研究所博士論文，二〇一〇年。

③ （美）佛瑞德・英鮑等人著、高忠義譯《刑事偵訊與自白》（臺北：商周文化，二〇〇〇年），頁二五八至二五九。

【古代其他相關案例選摘】

出處	《宋史·范純仁傳》
原文	錄事參軍宋儋年暴死，純仁使子弟視喪。小殮，口鼻血出，純仁疑其非命。按得其妾與小吏奸，因會，寘毒鱉肉中。純仁問食肉在第幾巡，曰：「豈有既中毒而尚能終席者乎？」再訊之，則儋年素不食鱉，其曰毒鱉肉者，蓋妾與吏欲為變獄張本，以逃死爾。實儋年醉歸，毒於酒而殺之。遂正其罪。
白話意譯	詳本書「現場調查——時間重建」

韓褒赦罪促舉發 污點證人 捌

【案例出處】

本文選自唐令狐德棻主編《周書・韓褒傳》。本書成書於貞觀十年。共五十卷，本紀八卷、列傳四十二卷。本書記載了北周宇文氏建立的周朝的紀傳體史書。本案承辦人韓褒字弘業，潁川潁陽人。少好學而不守章句，有遠略。北魏末，歸依夏州刺史宇文泰，泰為丞相，授錄事參軍。西魏大統初，征拜丞相府司馬，進爵為侯。

【原文及白話意譯】

【原文】

（韓褒）出為北雍州刺史。州帶北山多有盜賊。褒密訪之，並豪右所為也，而陽不之知。厚加禮遇，謂曰：「刺史起自書生，安知督盜？所賴卿等共分其憂耳。」乃悉召傑黠少年素為鄉里患者，置為主帥，分其地界，有盜發而不獲者，以故縱論。於是諸被署者莫不惶懼，皆首伏曰：「前盜發者，並某等為之。」所有徒侶，皆列其

【白話意譯】

韓褒出任北雍州刺史。州內帶北山有很多盜賊出沒。韓褒秘密去查訪，原來是當地豪紳和僕役所為，韓褒先裝做不知情。並對這些豪紳非常禮遇，還說：「刺史我本出身書生，怎知道如何抓盜賊？還需要你們幫我分憂解勞。」再把鄉里內聰明但很愛作亂的年輕人找來，讓他們擔任抓賊的首領，還分好責任區域，區域裡如果發生治安事件，就將負責的年輕人以縱放之罪論處。於是這些被登記造冊的豪紳和年輕人沒有一個不害怕的，全都趴伏在地上說：「前幾次的案子實在是某些人幹

姓名，或亡命隱匿者，亦悉言其所在。褒乃取盜名簿藏之，因大榜州門曰：「自知行盜者，可急來首，即除其罪。盡今月不首者，顯戮其身，籍沒①妻子，以賞前首者。」旬日之間，諸盜咸悉首盡。褒取名簿勘之，一無差異，並原其罪，許以自新，由是群盜屏息。

的。」所有的供犯名字全都給招出來，有些逃亡一時找不到的，也都查明其所在。韓褒將這些盜賊的名簿整理好後先藏起來，然後貼榜文在州門上：「自己幹過壞事的，快來自首，可以免除其罪。到月底還不來自首，將處以肉刑，還沒收他的財產妻子，並賞贈給前來自首的人。」才不到十天，所有盜賊全都來自首。韓褒再拿出名簿一對，確定沒有一個遺漏後，便原諒了他們的罪，讓他們改過自新，從此再無盜賊出沒。

①籍沒，指登記所有的財產，加以沒收。《三國志．魏志．王修傳》：「太祖破鄴，籍沒審配等家財物貲以萬數。」

【犯罪偵查原理簡析】

本案承辦人韓褒履新時，頗為山賊所苦。他表面上裝作不在乎，私底下探查得知這些山賊首領平日都打扮成一付良民士紳樣。於是藉口將他們邀來一起監督治安，逼得他們現形，再允諾他們若供出同黨可將功折罪，因此一舉將境內所有盜賊給靖平。

犯罪分子的內心始終是充滿矛盾的，既有善與惡的矛盾，想坦白交待，又擔心政策能否兌現，恐怖與僥倖心理並存，想編假口供又怕露破綻，訂有攻守同盟，仍互相猜疑。要充分利用其矛盾心理，巧用證據，進行政策攻心，使他為了自己的利益而交待問題。①此時偵訊人員可使用「離間分化法」和「污點證人法」。「離間分化法」係指找出、點出、甚至製造出共同犯罪者之間的衝突與矛盾而取得供述。為了讓輕罪的共犯招供出其他重犯，今日犯罪偵查人員可依據《證人保護法》，給予犯罪嫌疑人一定的法律優惠、安全保障或生活照顧，以換取其於偵查中供述與本案案情有重要關係之待證事項或其他正犯或共犯之犯罪事證，因而使檢察官得以追訴本案之其他正犯或共犯而言。②「污點證人」條款又稱「窩裡反條款」。以刑罰減免為協商利益，策動特定刑事案件之被告或犯罪嫌疑人作為「窩裡反證人」，以供述重要待證事項或其他共犯之犯罪事證。若有效連結證人保護法制，對國家機關偵查重大賄選、黑金及貪污等隱匿、集體性犯罪，自有立竿見影之加功作用。③

我國《證人保護法》第十四條第一項規定：「第二條所列刑事案件之被告或犯罪嫌疑人，於偵查中供述與該案案情有重要關係之待證事項或其他共犯之犯罪事證，因而使檢察官得以追訴該案之其他共犯者，以經檢察官先同意者為限，就其因供述所涉之犯罪，減輕或免除其刑。」，同條第二項規定：「被告或嫌犯雖非前項案件之共犯。但於偵查中供述其犯罪之前手、後手或相關犯罪之網絡，因而使檢察官得以追訴與該犯罪相關之第二條所列刑事案件之被告者，參酌其犯罪情節之輕重、被害人所受之損害、防止重大犯罪危害社會治安之重要性及公共利益等事項，以其所供述他人之犯罪情節或法定刑較重於其本身所涉之罪且經檢察官事先同意者為限，就其因供述所涉之犯罪，得為不起訴處分。」被認為係「污點證人」制度之明文化規定。④

① 熊則坤《偵查辯證法》（北京：警官教育出版社，二〇〇〇年一月），頁二〇八。

② 莊忠進《偵訊學》（臺北：商鼎文化，二〇一一年），頁一六至一八。

③ 洪宜和《「窩裡反」條款之研究——以貪污犯罪偵查為例》，嘉義：國立中正大學法律學研究所碩士論文，二〇〇三年。

④ 林雅君《我國污點證人制度之研究》，臺北：輔仁大學法律學研究所碩士論文，二〇〇八年。

⑤ 緡，原為穿錢的繩索。借指成串的銅錢，亦泛指錢。《史記．酷吏列傳》：「於是丞上指，請造白金及五銖錢，籠天下鹽鐵，排富商大賈，出告緡令。」張守節正義：「緡音岷，錢貫也。」

【古代其他相關案例舉隅】

出處	宋洪邁《容齋隨筆》
原文	唐崔安潛為西川節度使，到官不詰盜。曰：「盜非所由通容，則不能為。」乃出庫錢置三市，置榜其上，曰：「告捕一盜，賞錢五百緡⑤。侶者告捕，釋其罪，賞同平人。」未幾，有捕盜而至者。盜不服，曰：「汝與我同為盜十六年，贓皆平分，汝安能捕我？」安潛曰：「汝既知吾有榜，何不捕彼以來？則彼應死，汝受賞矣。汝既為所先，死復何辭？」立命給捕者錢，使盜視之，然後殺盜於市。於是諸盜與其侶互相疑，無地容足，夜不及旦，散逃出境，境內遂無一人為盜。
白話意譯	唐崔安潛擔任西川節度使時，一到任卻不抓盜賊，還說：「盜賊如果沒有旁人協助，根本犯不了案。」於是在三個市集上用公費出錢懸賞，還貼榜文寫說：「因檢舉而抓到一名盜賊，賞錢五百緡，如果是共犯來檢舉，不止赦免他的罪，還可以和常人一樣領賞。」沒多久，有個人抓了盜賊到案，盜賊不服說：「你和我一樣都當了十六年的盜賊，贓物全都平分，你怎麼能抓我來？」崔安潛說：「你既然知道我貼了榜文，幹嘛不抓他來？如此則他要判死罪，而你就能領賞。現在他既然比你早一步，你死了還有什麼話好說？」馬上就把賞錢給了檢舉人，還讓盜賊親眼看著，再於市上把盜賊給斬了。於是其他盜賊們開始互相猜疑，這地方也待不下去了，夜裡還不到天明，所有盜賊全都逃離此地，這裡一個盜賊也沒有了。

老吏妙計明潔貞 李代桃僵

【案例出處】

本文選自《二刻拍案驚奇》。《二刻拍案驚奇》是中國明朝末年出版的短篇白話小說集，為淩濛初編著，和先前出版的《初刻拍案驚奇》並稱二拍，和馮夢龍的「三言」齊名。「三言」是指《喻世明言》、《警世通言》、《醒世恆言》。

【原文】

興安吉州富家新婚，當夜有一個做賊的，趁著人雜時節，溜將進去，伏在新郎的牀底下了，打點人靜後，出來捲取東西。怎當這人家新房裡頭，一夜停火到天明。牀上新郎新婦，雲雨歡濃了一會，枕邊切切私語，你問我答，煩瑣不休。說得高興，又弄起那話兒來，不十分肯睡。那賊躲在牀下，只是聽得肉麻不過，卻是不曾靜悄。又且燈火明亮，氣也喘不得一口，何況脫身出來做手腳？只得耐心伏著不動。水火急時，直等日間牀上無人時節，就牀下暗角中撒放。如此三日夜，畢竟下不得手，肚中餓得難堪。顧不得死活，聽得人聲略定，拚著命魆魆走出，要尋路逃去。火影下早被主家守宿人瞧見，叫一聲：「有賊！」前後人多扒起來，拿住了。先是一頓拳頭腳尖，將繩捆著，準備天明送官。

賊人哀告道：「小人其實不曾偷得一毫物事，便做道不該進來，適間這一頓臭打，也折算得過了。千萬免小人到官，放了出去，小人自有報效之處。」主翁道：「誰要你報效！你每這樣歹人，只是送到官，打死了才乾淨。」賊人道：「十分不肯饒我，我到官自有說話。你每不要懊悔！」主翁見他說得倔強，更加可恨，又打了幾個巴掌。

捆到次日，申破了地方，一同送到縣裡去。縣官審問時，正是賊有賊智，那賊人不慌不忙的道：「老爺詳察，小人不是個賊，不要屈了小人！」縣官道：「不是賊，是甚麼樣人，躲在人家牀下？」賊人道：「小人是個醫人，只為這家新婦，從小有個暗疾，舉發之時，疼痛難當，惟有小人醫得，必要親手調治，所以一時也離不得小人。今新婚之夜，只怕舊疾舉發，暗約小人隨在房中，防備用藥，故此躲在牀下。這家人不認得，當賊拿了。」縣官道：「那有此話？」賊人道：「新婦乳名瑞姑，他家父親，寵了妾生子女，不十分照管他。母親與他一路，最是愛惜。所以有了暗疾，時常叫小人私下醫治。今若叫他到官，自然認得小人，才曉得不是賊。」知縣見他丁一確二說著，有些信將起來，道：「果有這等事，不要冤屈了平人。而今只提這新婦當堂一認就是了。」

原來這賊躲在牀下這三夜，備細聽見牀上的說話。新婦果然有些心腹之疾，家裡常醫的。因告訴丈夫，被賊人記在肚裡，恨這家不饒他，當官如此攀出來。不惟可以遮飾自家的罪，亦且可以弄他新婦到官，出他家的醜。這是那賊人憊賴之處。那曉縣官竟自被他哄了，果然提將新婦起來。富家主翁急了，負極去求免新婦出官。縣官那裡肯聽？富家翁又告情願不究賊人罷了，縣官大怒道：「告別人做賊也是你，及至要個證見，就說情願不究，可知是誣賴平人為盜。若不放新婦出來質對，必要問你誣告。」富家翁計無所出，方悔道：「早知如此，放了這猾賊也罷，而今反受他累了。」

衙門中一個老吏，見這富家翁徬徨，問知其故，便道：「要破此猾賊也不難，只要重重謝我。我去稟明了，有方法叫他伏罪。」富家翁許了謝禮十兩。老吏去稟縣官道：「這家新婦初過門，若出來與賊盜同辨公庭，恥辱極矣！老爺還該惜其體面。」縣官道：「若不出來，怎知賊的真假？」老吏道：「吏典倒有一個愚見。想這賊潛藏內室，必然不曾認得這婦人的，他卻混賴其婦有約。而今不必其婦到官，密地另使一個婦人代了，與他相對。他認不出來，其誣立見，既可以辨賊，又可以周全這家了。」縣官點頭道：「說得有理。」就叫吏典悄地去喚一娼婦打扮了良家，包頭素衣，當賊人面前帶上堂來，高聲稟道：「其家新婦瑞姑拿到！」賊人不知是假，連忙叫道：「瑞姑，瑞姑，你約我到房中治病的，怎麼你公公家裡拿住我做賊送官，你就不說一聲？」縣官道：「你可認得正是瑞姑了麼？」賊人道：「怎麼不認得？從小認得的。」縣官大笑道：「有這樣奸詐賊人，險被你哄了。原來你不曾認得瑞姑，怎賴道是他約你醫病？這是個娼妓，你認得真了麼？」賊人對口無言，縣官喝叫用刑。賊人方才訴說不曾偷得一件，乞求減罪。縣官打了一頓大板，枷號示眾。因為無贓，恕其徒罪。富家翁新婦方才得免出官。

【犯罪偵查原理簡析】

本案老吏提供用來釐清小偷身分的偵查謀略「李代桃僵」，典故出自古樂府詩〈雞鳴〉：「桃生露井上，李樹生桃旁。蟲來齧桃根，李樹代桃僵。樹木深相待，兄弟還相忘。」字面上的意思是李樹代桃樹而死，諷喻兄弟應相互友愛。

三十六計也有一計叫「李代桃僵」，與偵查中的示形用佯就是根據偵查對抗的發展，以示假隱真的方式，給對方造成錯覺，轉移其注意力。偵查中示形用佯的目的在於隱蔽自己的企圖並配合造勢，加強震攝作用；利以誘之，使對手無法猜測偵查主體的真實用意，以達到最後降伏對手之目的。①

還有些被告人對於自己以往的有罪供述往往找出種種藉口予以推翻，借開庭之機大放厥詞，甚至編出一些理由、「證據」來支持自己的謊言。有的時候檢察官針對被告人的辯解進行了補充偵查，而被告人又聲稱「記錯了，實際上是……」又編出一種理由。如果檢察官再補充偵查他又可拋出另一套藉口，這樣下去會給控訴工作造成很大被動，也影響了法律的權威性。對此可採用將計就計，攻其不備的兵法，先讓被告人充分表演，讓其作繭自縛，待其無迴旋餘地時再給予揭露。②本案即是以娼妓替代了小偷所偽稱入府診治的女病人，讓小偷自信地錯誤指認，自己現出侵入大戶人家的賊跡。

①王傳道主編《刑事偵查學》（北京：中國政法大學出版社，一九九八年二版三刷），頁四六。

②駱飛〈略論庭審中「兵法」的運用〉《檢察實踐》二〇〇一年三期，頁一六至一七。

【古代其他相關案例選摘】

出處	宋歐陽脩等《新唐書・劉政會傳（附兄劉崇龜）》
原文	（劉）崇龜，字子長。擢進士，仕累華要①，終清海軍節度使。廣有大賈，約倡女②夜集，而它盜殺女，遺刀去。賈入倡家，踐其血乃覺，乘艑③亡。吏跡賈捕劾，得約女狀而不殺也。 崇龜方大饗軍中，悉集宰人，至日入，乃遣；陰以遺刀易一雜置之。詰朝，群宰即庖取刀，一人不去，曰：「是非我刀。」問之，得其主名。往視，則亡矣。崇龜取它囚殺之，聲言賈也，陳諸市。亡宰歸，捕詰具伏。
白話意譯	劉崇龜字子長。從考上進士開始，累官到十分顯要的地位，最後做到清海軍節度使。南海的大富商有天約了妓女夜裡享樂，結果盜賊早一步侵入，殺了妓女，也把兇刀遺留在現場。大富商夜裡進到妓女家，踩到血才知道發生命案，害怕得坐上大船逃走。差吏跟著血足印抓到了這名富商，可他只承認看到妓女的死狀，卻打死不承認是他下的殺手。 當時劉崇龜正在勞軍，於是集合了附近所有的屠夫來幫忙，等到太陽下山再讓他們回去；再偷偷地把凶刀和屠夫們留下來的眾多屠刀中的一把給換下來。等到隔天早上，屠夫們都把刀領走了，只有一個留下說：「這不是我的刀。」問清楚凶刀主人

白話意譯

的底子後前去捕緝，他早就跑了。於是劉宗龜抓了另一個死囚來行刑，再聲稱行刑的是富商，還把屍體陳列在市集上。逃亡的屠夫知道了便放心地又跑回來，終於被捕，一問之下便認罪了。

注釋

①華要，指顯要的職位。《宋書．孔顗傳》：「記室之局，實惟華要，自非文行秀敏，莫或居之。」

②倡女，本指以歌舞娛人的婦女，後來亦可指賣身的娼妓。南朝．梁何遜〈似輕薄篇〉詩：「倡女掩歌扇，小婦開簾織。」

③艑即大船。玄應《一切經音義．卷一》引漢服虔《通俗文》：「吳船曰艑，晉船曰舶，長二十丈，載六七百人者是也。」

第捌章

犯罪預防

凡直接或間接可以促進犯罪預防之作為，例如政治、社會、經濟制度的改革，法令修訂，社會福利以及人力運用等均可稱為犯罪預防。而在目前為大多數學者所認知接受，且為主流犯罪預防策略的為三級犯罪預防模式，所謂三級預防模式是援引公共衛生預防流行疾病模式的概念發展而成，並將犯罪預防工作分成三個層級進行：一級預防（或是初級預防），是將重點集中在「鑑別提供有利於犯罪的機會，或促進犯罪行為發生的物理與社會環境」，並依犯罪預防的需要進行改善，以斷絕犯罪之發生。二級預防則強調「致力於早期辨識潛在的犯罪者，並尋求有效的介入與處理」，以杜絕犯罪。三級預防乃係針對「真正的犯罪者，進行司法或相關的處遇，以預防其再犯罪」。之後又有學者在此模式基礎上提出以被害者為導向（victim-oriented）、以社區為導向及以犯罪人為導向的三級犯罪預防。然而無論是三級犯罪預防模式，或是後來加以補充或強化說明功能的改良式三級犯罪預防模式，從中可以發現其相似之處，就是犯罪預防它需要官方與民間共同參與。①

中國不止犯罪偵查技巧和偵查單位發展得早，連犯罪預防的看法也都萌芽得早：先秦儒家的「德化」和法家的「法治」最為人所熟知。限於篇幅，本章僅介紹三千多年以來中國統治者常用之犯罪預防方法六種。

① 廖世義、譚子文〈犯罪預防策略－基於犯罪類型對危機感受之影響〉，《犯罪學期刊》十卷二期，二〇〇七年，頁二〇六至二〇七。

士會由德勸民善 ⊕ 教化為先／社會控制理論

【案例出處】

本文選自明馮夢龍《東周列國志・卷五六》。本書內容為西周末年至秦統一六國之間五百多年的歷史故事，取材《戰國策》、《左傳》、《國語》、《史記》四部史書，將分散的歷史故事和人物傳記按照時間順序穿插編排，成為一部結構完整的歷史演義。本文主人翁羊舌職為春秋晉國大夫，羊舌大夫之子。羊舌職支持晉景公重用荀林父、士會，晉國大治。晉悼公即位，任其為中軍尉之佐。羊舌職去世後，四子兼任身居朝廷要職，被稱為「羊舌四族」。

【原文及白話意譯】

【原文】

話說荀林父用郤雍治盜，羊舌職度①郤雍必不得其死，林父請問其說。羊舌職對曰：「周諺有云：『察見淵魚者不祥，智料隱慝者有殃。』恃郤雍一人之察，不可以盡群盜；而合群盜之力，反可以制郤雍，不死何為？」未及三日，郤雍偶行郊外，群盜數十人，合而攻之，割其頭以去。荀林父憂憤成疾而死。

【白話意譯】

話說荀林父用郤雍來抓賊，羊舌職猜測沒多久郤雍一定會死。荀林父請教羊舌職為什麼這樣推測。羊舌職回答道：「周室有個諺語說：『能看到深淵裡魚的人會遭到不祥，有智慧找出隱匿罪行的人會有災殃。』現在全靠郤雍一個人來察覺盜賊，並沒有辦法把盜賊全都成擒；但盜賊集中他們的力量，卻反而可以抓住郤雍，郤雍還能不死嗎？」不到三天，郤雍恰巧到郊外去，數十名盜賊加以合攻，把郤雍給殺了，還把他的頭給割走。荀林父知道了也氣急攻心而死。

晉景公聞羊舌職之言，召而問曰：「子之料郤雍當矣，然弭盜何策？」羊舌職對曰：「夫以智禦智，如用石壓草，草必罅生。以暴禁暴，如用石擊石，石必兩碎。故弭盜之方，在乎化其心術，使知廉恥，非以多獲為能也。君如擇朝中之善人，顯榮之於民上，彼不善者將自化，何盜之足患哉？」

景公又問曰：「當今晉之善人，何者為最？卿試舉之。」羊舌職曰：「無如士會。其為人，言依於信，行依於義，和而不諂，廉而

晉景公聞知羊舌職的預言，便召他來問：「你猜測郤雍的下場猜得很準，但你有什麼消滅盜賊的妙策嗎？」羊舌職回答：「用智謀來對付智謀，就好像用石頭來壓野草，野草還是會從縫隙長出來。用暴行來遏阻暴行，就像用石頭打石頭，二顆石頭會一塊兒破碎。要消滅盜賊，重點在改變他們的心態，讓他們有廉恥心，而不是抓得愈多愈好。君王您若能從朝廷中選擇品行好的人，加以表揚，讓老百姓都知道他，那些壞人自己就會改變自己，哪還需要煩惱盜賊為害？」

晉景公又問：「晉國之內的好人，誰最適合，你能推薦嗎？」羊舌職答：「沒有比士會還善良的了，這個人講話守信用，做事合道義，和大家相處愉快卻

不矯，直而不亢，威而不猛。君必用之。」及士會定赤狄而還，晉景公獻狄俘於周，以士會之功，奏聞周定王。定王賜士會以黻冕②之服，位為上卿。遂代林父之任，為中軍元帥，且加太傅之職，改封於范，是為范氏之始。

士會將緝盜科條，盡行除削，專以教化勸民為善。於是奸民皆逃奔秦國，無一盜賊，晉國大治。

不諂媚，清廉卻不矯情，行為正直卻不悲亢，個性威勇卻不躁進。君王您可以起用他。」等到士會平定赤狄回國，晉景公先將狄俘獻給周王室，並上奏士會的功勞讓周定王知道。周定王賜給士會國家大祭所穿的隆重服裝，還讓他成為上卿。晉景公再讓他出任荀林父原來的職位，擔任中軍元帥，並加封太傅的頭銜，並封給范地，士會即是范氏的始祖。

士會一到任就把緝拿盜賊的法律全都取消，專心投入教化人民的工作。因此所有懷有壞心的奸人全都逃到秦國去，境內一個盜賊也沒有，晉國治安得到很大的改善。

① 度，原指測度，此指推測、估計。《詩經．小雅．巧言》：「他人有心，予忖度之。」

② 黻冕，即古時祭服。《論語．泰伯》：「惡衣服，而致美乎黻冕。」朱熹集注：「黻，蔽膝也，以韋為之；冕，冠也；皆祭服也。」

【犯罪預防原理分析】

荀林父起用善於察盜的郤雍，結果郤雍死於非命，荀林父也因此氣死。所幸後來晉景公聽羊舌職之言，以具有政治能力又兼有德行的士會來治理國家。士會以德化取代嚴刑，感動人民之餘，也使得有心做壞的人不好意思再留在晉國，晉國大治。

教化對於勸人為善的效果，儒家最有心得。《荀子・勸學》就曾寫道：「蓬生麻中，不扶而直；白沙在涅，與之俱黑。」蓬生長在麻之間，不用扶它，它自然長得直挺；把白沙撒到黑泥裡，沙再怎麼白也會變黑。俗語「近朱者赤，近墨者黑」的意思與之相仿：接近硃砂容易變紅，接近墨容易變黑。強調客觀環境具有很大影響。

為了讓小孩學好，一定要送他去學習。明呂坤《社學要略》也強調：「子弟讀書，大則名就功成，小則識字明理，世間第一好事。有等昏愚父母，有子不教讀書，邪心野性，竟成惡人。做盜賊、犯刑憲，皆由於此。幾曾見明理識字之人，肯為盜賊者乎？掌印官曉諭百姓，今後子弟，可讀書之年即送社學讀書。縱使窮忙，也須十月以後在學，三月以後回家。」子弟讀書，表現好的得到功名，表現不好也至少識字明理，讀書是世間第一等好事。有些昏笨的父母，小孩子不教讀書，讓他萌生出邪惡的心思和野蠻的性情，後來變成盜賊、犯了國法，都是因為不教讀書的關係。明理識字的人不會肯輕易的去當盜賊，主管官長應該教示老百姓，明代已經有如此的認知：子弟年紀到了該讀書的時候就送到社學去。就算家裡再窮再忙，也要當年十月之後入學，到隔年三月才能回家。

西方犯罪預防理論中有一名曰「差別接觸理論」。差別接觸理論的核心內容在於：每個人對外在經驗連結的方式不同，當習得在特定情境中傾向犯罪的「定義」多於不犯罪的「定義」時，便較可能在此情境中做出犯罪行為。主要可以析釋為以下幾點：犯罪行為是學習來的；犯罪行為和其他任何行為的學習機制相同；學習發生在與他人的互動過程中；大多數的學習發生在個人親近的親人、朋友互動中；各種接觸因頻率、持久性、優先性與對個人的意義不同，致學習的強度不同；犯罪行為的學習包括犯罪技巧、動機、合理化思考、態度（傾向犯罪或反犯罪）等等。犯罪的動機和驅力來自於個人學習到對法律和犯罪好壞的「定義」多寡而得。

也就是說一個人的成長環境中若是善惡不分，等到長大之後他也將成為一個罪犯；反之如果是土生土長在德義之鄉，他也必定成為一個奉公守法的人。社會學家認為人本為與道德無關之動物，只有個人漸漸為生存社會的一份子，便會建立起情感的連結鍵，而逐漸內化了外在的社會及道德規範後，我們才能成為有道德之人。因此，一個人若愈附著於父母、家庭、學校、同輩團體、職業工會及國家社會等，一個人將愈有道德感而愈不可能從事犯罪及遍差行為。①這也是今日犯罪預防中「社會控制理論」的出發角度。

中國古代的「德化」犯罪預防手段還有一個細節，就是當人民發生衝突時，往往勸和不勸鬥——「以和為貴」、「以德報怨」，希望能用好的結局收尾。以免造成雙方舊仇新恨無限累積，製造更多社會矛盾。這和二十世紀末，許多國家對於犯罪問題所提出的新處理方式「復歸式正義」（調解模式）雷同。「復歸式正義」不認為「懲罰」是對犯罪事件的唯一反應，反而認為「使被害者回復原狀，使加害者復歸社會，使社會回復原狀」是處理犯罪事件的最高準則。②實際上採用「調解」模式。調解是一種衝突解決的合意模式，它與傳統刑事司法系統不同，被視為刑事司法系統的一種替代措施。只要雙方願意彼此原諒，就減少了未來發生衝突和犯罪的可能。

①許春金《犯罪學》（桃園：中央警察大學出版社，二〇〇〇年初版三刷），頁七一六。
②許春金《犯罪學》（桃園：中央警察大學出版社，二〇〇〇年初版三刷），頁一六八。

【古代其他相關案例舉隅】

出處	唐李延壽《北史．趙煚傳》
原文	嘗有人盜（隋趙）煚田中蒿，為吏所執。煚曰：「此乃刺史不能宣風化，彼何罪也？」慰諭遣之，令人載蒿一車賜盜者，盜愧過於重刑。
白話意譯	曾有人偷了趙煚田中的蒿，被小吏抓到。趙煚說：「這是刺史我不能宣導教化、以德化民的過錯，他怎麼有錯呢？」還安撫小偷一番，再把他放回家，並讓人載了滿滿一車的蒿送他，小偷心裡慚愧難過的程度遠高過承受重刑。

出處	宋鄭克《折獄龜鑑．郎茂敦諭》
原文	隋郎茂，初授衛州司錄，有能名，尋除衛國令。有部人張元預，與從父①弟思蘭不睦，丞尉請加嚴法，茂曰：「元預兄弟本相憎嫉，又坐得罪，彌益其忿，非化人之意也。」乃遣縣中耆舊，更往敦諭，道路不絕。元預等各生感悔，詣縣頓首請罪。茂曉之以義，遂相親睦，稱為友悌。
白話意譯	隋郎茂一開始出仕是擔任衛州司錄，以能幹而聞名，後來扶正擔任衛國令。轄內居民張元預和他堂弟張思蘭處不好，丞尉希望能嚴加處罰。郎茂說：「張元預他

白話意譯

們兄弟本來互相憎恨，又因為憎恨對方而罹罪，這只會加深他們對彼此的不滿，這不是教化百姓的方法。」於是令縣中的長老前去加以勸導，一而再、再而三。張元預和他的堂弟都感到不好意思，自己到縣內叩頭請罪。郎茂於是向他們說明人倫道理，雙方便變得親近和睦，堂兄友愛堂弟、堂弟順悌堂兄。

注釋

①從父，即父親的兄弟——伯父或叔父。《三國志．蜀志．諸葛亮傳》：「亮早孤，從父玄為袁術所署豫章太守。」

出處

清張廷玉等《明史．陶魯傳》

原文

（陶魯）歷官四十五年，始終不離兵事；大小數十戰，凡斬首二萬一千四百有奇，奪還被掠及撫安復業者十三萬七千有奇，兩廣人倚之如長城。然魯將兵不專尚武，嘗語：「治寇賊，化之為先。不得已始殺之耳。」每平賊，率置縣建學以興教化。

白話意譯

陶魯一生為官四十五年，一直都兼掌兵戎之事；他參加過大小數十場戰役，總共斬首敵人超過二萬一千四百多人，奪回被俘虜和安撫回歸就業的人則有十三萬七千多人，兩廣居民依賴他就像依賴長城那般。但陶魯帶兵並不崇尚武力，他曾說：「處理寇賊為患，要先做好教化的工作。真的萬不得已才誅殺他們。」每次他蕩平賊害，就在當地設置縣衙和學校來推廣教化。

出處	清連橫《臺灣通史・撫墾志》
原文	荷蘭既得臺灣，集歸順土番而撫之，制王田，設學校，開會議，立約束，以養以教，而土番亦效命不敢違。故終荷人之世，土番無有亂者。
白話意譯	荷蘭人佔領臺灣後，把歸順的土番全都集合起來加以安撫，並設置公田和學校，也讓他們參與政事，並設下法律，既讓他們能過生活，又教化他們，土番也因此效命於荷蘭人，不敢違抗。所以荷蘭人統治臺灣這段期間，沒有土番作亂。

真卿罰款杜私鬥 ⊕ 防微杜漸／破窗理論

【案例出處】

本文選自宋沈括《夢溪筆談》。本書為北宋沈括所著的筆記體著作，分為二十六卷，又《補筆談》三卷，《續筆談》一卷。因為寫於潤州夢溪園而得名。內容涉及天文、數學、物理、化學、生物、地質、地理、氣象、醫學、工程技術、文學、史事、美術及音樂等學科。

本文主人翁鞠真卿於宋仁宗嘉祐年間知潤州，餘不詳。

【原文及白話意譯】

【原文】

鞠真卿知潤州時，民有鬥毆者，本罪之外，別令先下手者出錢以與後應者。小人靳①財，兼不甘輸錢於敵人，終日紛爭，相視無敢先下手者。蓋無賴之民，不畏杖責，故設此事以折伏之，與王敬則②治獄之術同也。

【白話意譯】

鞠真卿擔任潤州知府時，老百姓如果發生鬥毆事件，除了追究原本的罪責，先出手的還要賠錢給後出手的。老百姓吝惜錢財，更不肯將錢賠給敵人，於是就算吵了一整天，怒目相視，還是沒有人敢先出手。這是因為沒受過教化的小人，本來就不怕處罰，於是設計了這個措施來讓他們折服，這種做法和先前王敬則判案的技巧相雷同。

①靳，指吝惜。《後漢書．崔烈傳》：「帝顧謂親倖者曰：『悔不小靳，可至千萬。』」李賢注：「靳，固惜之也。」

②王敬則為南朝齊建元二年吳興太守，本書收有其治績，詳本書「常用偵查謀略——挑撥離間」。

【犯罪預防原理分析】

鞠真卿擔任潤州知府，得知當地私鬥風氣盛行，然此風氣是治安的一大隱憂。於是鞠真卿設計一制度：先動手者要賠款給對方。新政讓私鬥消聲匿跡，以往因為私鬥所衍生出來的其他犯罪問題也就消失於無形。

在重大犯罪出現之前，必有小惡。如果小惡不禁，將形成一種鼓勵犯罪的風氣。西方稱作「破窗效應理論」：環境中的不良現象如果被放任存在，會誘使人們仿傚，甚至變本加厲。以一幢有少許破窗的建築為例，如果那些窗不被修理好，可能將會有破壞者破壞更多的窗戶。最終他們甚至會闖入建築內，如果發現無人居住，也許就在那裡定居或者縱火。又或想像一條人行道有些許紙屑，如果無人清理，不久後就會有更多垃圾，最終人們會視若理所當然地將垃圾順手丟棄在地上。因此破窗理論強調著力打擊輕微罪行有助減少更嚴重罪案，應該以「零容忍」的態度面對罪案。①

為了防止「破窗效應」出現，就應該修補破窗。「修補破窗理論」：指出執法者應儘早識別及緊密留意和控制高危險群，另外須保護守法的青少年，同時要促進居民參與維持公眾治安及協調社區內不同的團體處理治安問題。鞠真卿彌平私鬥的作法，可以算是修補破窗了。②

西方犯罪理論中還有一名曰「理性選擇理論」：人類具有自由思想，人類能夠自己選擇對錯。罪犯是具備理性的，需要從犯罪的利益、風險和成本三方面來考慮是否從事犯罪行為，當中利益是指犯罪後的利益能滿足人類的各種生理及心理需要，風險是指罪犯被識破罪行及受到刑罰的可能性，而成本則指犯案時需要的工具、技巧、時間等，當利益大於風險加成本時，罪犯則傾向犯罪，相反則傾向不犯罪。然而，理論中的理性被批評是有限度的，因為理性往往受制於犯罪者的個人認知及接收訊息的能力，理性因而變得相對和主觀，故需要從罪犯的角度探討何謂理性。意即當犯罪利益大於犯罪成本時才可能犯罪。鞠真卿針對私鬥中先動手者予以罰款，等於增加私鬥犯罪者的犯罪成本，這也是讓私鬥消聲匿跡的原因之一。

① 詳參（美）喬治．凱林、凱薩琳．柯爾著，陳智文譯《破窗效應——失序世界的關鍵影響力》，臺北：商周文化，二〇一一年。

② 〈破窗效應〉，「維基百科」，http://zh.wikipedia.org/wiki/%E7%A0%B4%E7%AA%97%E6%95%88%E5%BA%94。

【古代其他相關案例舉隅】

出處	宋鄭克《折獄龜鑑．燕肅息鬥》
原文	燕肅侍郎，知明州。俗輕悍喜鬥。肅推先毆者，雖無傷必加以罪，後毆者非折跌支體，皆貸之。於是鬥者為息。
白話意譯	燕肅出任侍郎，兼知明州。當地民俗輕浮強悍愛鬥。燕肅只懲罰先出手的，就算沒有致傷一樣論罪，後出手的，除非把對方打骨折了，否則都不追究責任。於是愛打鬥的人就不敢亂出手了。

王晏杯酒靖鄉里 ◈ 殺雞儆猴／嚇阻理論

【案例出處】

本文選自《宋史‧王晏傳》，《宋史》書詳本書「證據鑑識——各種痕跡」。本文主人翁王晏為徐州滕人，五代時大將。王晏少年時常劫富濟貧。後唐同光年間，入禁軍。契丹大軍抵汴，派劉願攻破陝州，沿途燒殺搶掠。王晏會同幾個勇士，於夜晚翻過牙城城牆，入帥府，二月十四日凌晨，殺死劉願，被封為絳州防禦使，不久晉陞建雄軍節度使，加平章事。後周廣順元年，投靠周太祖郭威，任侍中。任鳳翔節度使。官至太子太師。北宋建隆年間，征討李筠。任安遠軍節度使。乾德元年，封韓國公，拜太子太師致仕。三年冬卒於洛陽家中。

【原文及白話意譯】

【原文】

王晏，徐州滕人，家世力田。晏少壯勇無賴，嘗率羣寇行攻劫。梁末，徐方大亂，屬邑皆為他盜所剽，惟晏鄉里恃晏獲全。後唐同光中，應募隸禁軍，累遷奉國小校。晉開運末，與本軍都校趙暉、忠衛都校侯章等戍陝州。……初，晏至鎮，悉召故時同為盜者遺以金帛，從容置酒語之曰：「吾鄉素多盜，我與諸君昔嘗為之。後來者固當出諸君之下，

【白話意譯】

王晏是徐州滕人，家裡世代都種田。王晏年輕時是個有勇力的無賴，曾帶領寇賊到處搶劫。梁末徐州動亂，州內的其他各縣邑都被盜賊所洗劫，只有王晏的故鄉因為王晏的威名而得以保全。五代・唐同光年間，王晏加入禁軍，先升官到奉國小校。晉開運末年，他和本軍都校趙暉、忠衛都校侯章戍守陝州……剛到地方上時，他把以前一起犯案的盜賊同伙都找來，送給他們金帛財物，再從容地設了酒宴，邊吃邊說：「我的家鄉盜賊多，我們也都曾幹過這勾當。後來出道幹壞事的應該都是

為我告諭，令不復為，若不能改，吾必盡滅其族。」由是境內安靜，吏民詣闕舉留，請為晏立衣錦碑。

你們的後輩，請你們幫我轉告，希望他們就此洗手不幹，如果還改不了這壞毛病，我一定把他們全家都殺了。」自此他的轄區十分平靜，官民都陳情希望王晏留下來續任，還想要為王晏立衣錦碑祭拜以表示感謝。

【犯罪預防原理分析】

本案承辦人王晏本就是綠林好漢出身，所以他極瞭解黑道文化，也掌握有其中的人脈。他的故里因為王晏自己的關係從未受到盜賊侵擾，可見王晏在黑道中是很有分量的。後來王晏棄暗投明，想為家鄉及鄰近地區的治安做點貢獻。於是設下酒宴邀請昔日作奸犯科的伙伴。一開始當然好言相勸，希望伙伴和他們的徒子徒孫能金盆洗手；但有蘿蔔就會有木棍，好話說盡就是暴力威脅。最後王晏僅花了幾杯酒和一些錢就把轄內的盜賊全給勸退從良。

王晏所使用的手段與今日犯罪防制中的「一般威嚇主義」相去不遠：「對犯罪者的懲罰將對他人產生嚇阻犯罪活動的效果」。換言之，潛在犯罪者（或一般社會大眾）認知到，若其犯罪則將遭受懲罰是使其害怕不犯罪的主因。①這樣的一種嚇阻理論來自「應報思想」，但強度更為強烈。「應報思想」是人類社會中相當古老的思想，希伯來《聖經》云：「以眼還眼，以牙還牙，以手還手，以腳還腳」；中國也有「欠債還錢，殺人償命」的說法，就是這種思想的體現。但近代應報理論的主張已經與應報思想有別，該理論認為刑罰的目的在於平衡行為人行為所產生的罪責，以實現正義。換句話說，應報理論認為刑罰的目的是為了使社會正義回復犯罪前的狀態。基此，應報理論所強調的重點就是「罪責必須與刑罰相等」，也就是罪責原則。由於應報理論著眼於犯罪事實，因此可以說其注重的是過去所發生的行為，而不是這個行為結果是由誰造成的。

應報理論所強調的，是刑罰不能超過行為人的罪責，無論基於什麼目的，大罪不能小罰；相反地，小罪亦不能大罰。因此，絕非單純所謂「治亂世，用重典」這種強調威嚇的刑罰觀。今日為維繫社會正常運作，懲罰相關法令之執行雖在各國中略有差異，但卻是普遍被認可之行為，並且是透過行政及立法部門所制定。②

① 許春金《犯罪學》（桃園：中央警察大學出版社，二〇〇〇年初版三刷），頁二一〇。

② 林茂榮、楊士隆《犯罪矯正原理與實務》（臺北：五南圖書，一九九三年六月），頁四八。

【古代其代相關案例】

出處	唐李延壽《北史・宋隱傳》
原文	北齊宋世軌（宋隱族孫）為廷尉少卿。洛州人聚結，欲劫河橋。吏捕按之，連諸元徒黨千七百人。崔昂以為反，數年不斷。及世軌為廷尉少卿，判其事為劫，唯殺魁首，餘從坐悉舍焉。
白話意譯	北齊宋世軌出任廷尉少卿時，洛州有匪人聚集，想要霸橋搶劫。官員前往圍捕，連坐之下共抓了一千七百多人。崔昂為這些人平反，奔走數年。等到世軌出任廷尉少卿時，認為這只是簡單的劫案而非叛變，把帶頭的幾個給殺了，其他因為連坐而被捕的全都加以釋放。

官長兼聽得民情 下情上達／犯罪被害調查

【案例出處】

本單元原文選自：

《折獄龜鑑》宋鄭克著，餘詳本書「犯罪偵查的基本前提——高素質的偵查人員」。

《清　史　稿》民國趙爾巽主編，它是中華民國北京政府纂修的清史未定稿，比照正史體例分紀、志、表、傳四部分。一九二七年，清史館館長趙爾巽見全稿已經初步成形，擔心時局多變，遂決定將各卷以《清史稿》的名稱刊行，以示其為未定本。

【原文與白話意譯】

明察止訟

【原文】

韓琚①司封，嘗通判虔州。其民善訟，或偽作冤狀，悲憤叫呼，似若可信者。會守缺，琚行郡事。究其風俗，考其枉直，下莫能欺，辭伏②者自以為不冤。終於兩浙轉運使。（《折獄龜鑑・韓琚考枉》）

【白話語譯】

韓琚擔任司封時曾兼任虔州通判。當地人民很愛興訟，常假作有冤屈的樣子，一會兒悲憤交加，一會兒呼天喊地，看起來好像真的有冤情。當地會守出缺，由韓琚實際上代理全郡公事。韓琚於是深入了解當地風俗，考證每個案子當事人的對錯，使得官民沒有一個能欺騙他，這也讓每個招供的人都不用擔心自己會蒙受其他不白。韓琚後來在兩浙轉運使任上逝世。

① 韓琚為宋代官員，任司封時通判虔州。後歷任都官員外郎，及移廣西運使，其餘於史罕徵，今只有《韓氏譜牒》所收〈韓琚全傳〉及其弟韓琦撰〈司封韓琚行狀〉可知其部分行止。

② 辭伏，即招供伏罪。《續資治通鑑．元成宗元貞二年》：「御史臺言：『官吏受賂，初既辭伏，繼以審覈，而有司徇情，致令異辭者，宜加等論罪。』」

防止矇蔽

【原文】

葛源①郎中，初以吉州太和簿攝吉水令。他日，令始至，猾吏誘民數百訟庭下，設變詐以動令，如此數日，令厭事，則事常在吏矣。源至，立訟者兩廡②下，取其狀，視有如吏所為者，使自書所訴，不能書者吏受之，往往不能如狀。窮輒

【白話語譯】

葛源擔任郎中後，派到地方上擔任吉州太和主簿，兼任吉水縣令。以前其他縣令赴任時，狡猾的小吏和奸民數百人都聚集起來到公堂上興訟，並在案子裡面動手腳，讓縣令不堪其擾，這樣連續搞個幾天，縣令覺得煩，就把公事全交給小吏發落。等到葛源到任，將這些興訟的人分立在公堂兩邊廊下，拿他們的狀紙來看，如果覺得是小吏幫忙寫的，就再叫他們自己

曰：「我不知為此，乃某吏教我所為也。」悉捕劾，致之法，訟以故少，吏亦終不得其意。（《折獄龜鑑．葛源書訴》）

寫一份訴狀來，不會寫字的就念給小吏，讓小吏幫忙寫，結果自己寫或口授小吏所寫出來的訴狀，和原先送上來的根本不同。興訟的人無技可施，只好說：「我根本就不會寫訴狀，是小吏叫我來鬧事的。」葛源於是將這些狡吏和奸民全抓起來依法論罪，此後官司就少了，小吏們也不再能如意地獨裁公事。

① 葛源於宋大中祥符五年中進士，迄至和元年六月去世，仕宦三十年，先後任過軍縣主官，當過朝廷部郎，也任過封疆大吏，經歷了廿一個官職，殊為難得罕見。

② 廡，即堂下周圍的走廊、廊屋。《楚辭．九歌．湘夫人》：「合百草兮實庭，建芳馨兮廡門。」朱熹集注：「廡，堂下周屋也。」

暢通報案

【原文】

（劉）衡①嘗謂律意忠厚，本

【白話語譯】

劉衡認為立法的用意本在要求治安良

之為治，求達愛民之心。然愛民必先去其病民者，故恒寓寬於嚴。官民之阻隔，皆緣丁胥②表裡為奸。有訴訟，坐堂受牘，素書牒令原告交里正，轉攝所訟之人，到即訊結。非重獄，不遣隸勾攝；即遣，必注隸之姓名齒貌於簽。又令互相保結，設連坐法，蠹役無所施技。（《清史稿‧循吏‧劉衡》）

好，也表示朝廷愛護百姓的用心。但要愛護百姓一定要先除去困擾百姓的因素，所以劉衡執法嚴格，但在判刑時則寬厚。官員和百姓之所以有隔閡，全都是因為小吏在當中上下其手。所以只要一有訴訟，劉衡都親自坐堂受理，看完訴狀馬上就將通知的文書交給里正，讓他轉交給被告，被告一到案馬上就審訊完畢。不是重大案件，劉衡絕對不差遣隸卒前去拘捕；就算遣人拘捕，也必定在拘簽上跟隸卒講清楚疑犯的長相特徵。他又讓這些小吏隸卒互相保正，還設了連坐的規定，使得那些想貪污的僕役沒有可以取巧的地方。

①劉衡字蘊聲，一字訒堂，號廉舫，江西南豐人。為清代循吏，官至兵備道，著作頗豐，有《庸吏庸言》、《讀律心得》、《蜀僚問答》、《六九軒算書》、《纂學備考》，多為執政心得。

②丁胥，指官府中的小吏。清馮桂芬〈與許撫部書〉：「漕利歸於州縣者十二三，歸於丁胥吏役者十七八。」小官小吏之所以容易為惡，可參張本順〈宋代獄訟胥吏之弊及其成因探析〉，《四川師範大學學報》社會科學版，四十卷四期，二〇一三年七月。

【犯罪預防原理分析】

民眾不信任司法，寧願私鬥解決，這是犯罪無法平息的原因之一。民眾之所以不信任司法有幾個原因：一是司法人員本身察獄能力有問題，使得百姓難以依賴；二是司法人員貪贓枉法，使得沒有雄厚財力的一般百姓難以相信；三是報案或伸訴管道不暢通，百姓覺得自己私了還比較有效率。

身為犯罪偵查人員，本應具備明察的能力，詳見本書「犯罪偵查的基本前提——高素質的偵查人員」。至於司法人員貪贓枉法，在古代，可能導因於胥吏的待遇太差；在今日，公務人員貪污則有以下幾種原因①：

一、危險因子

（一）財務管理失衡。

（二）生活或工作壓力。

（三）偏差行為或犯罪前科。

（四）人際關係複雜度。

（五）社會互動性——參與社團。
（六）民意代表（特權）關係。
（七）機關內成員關係。
（八）法律信念／服刑感受。
（九）具專業能力者：如委託代理業務。

二、促發因子

（一）環境因素：與三教九流的人接觸而得到資訊之權力。
（二）採購（財物、勞務、工程）：與廠商接觸密切。
（三）審議會議：外聘學者專家之合議制會議，如都市設計審議委員會。
（四）行政處分權或司法警察權：第一線需與民眾或廠商接觸或有審查或准駁之申辦案件。
（五）核定權或發放補助款、獎金。
（六）主持或核定案件者。
（七）代理業務（如地政士、監理業）。
（八）職務上機會——需申辦費用（如差旅費、加油費等）。

以上這些因素都能造成偵查人員的徇私舞弊。

為了避免官員的愚昧造成人民的不信任，中國古代選官制度十分嚴格。而要減少胥吏的舞弊，除了主管逐層授權，事必親問外，中國古代還建立起越級申訴的制度。譬如西周有登聞鼓制度，當時稱為路鼓和肺石，設立此制的目的在於方便和鼓勵民眾越級舉告犯罪，防止和減少隱案，此制一直為後世封建社會所沿用。漢以後出現的邀車駕直訴、上表陳情等直訴形式，都是登聞鼓制度的演變和發展。②這種暢通報案管道和陳述民意的做法，直接消滅了小吏上下其手的可能。也能避免一部分被害者後來轉變成為加害者的機率。③

中國古代暢通民意、體貼百姓和被害人的做法，與今日「犯罪被害調查」的精神有若干相符之處。所謂「犯罪被害調查」即④：

一、應暢通報案管道，提升民眾報案意願

警察之所以獲知犯罪事件，大多數是因為被害者或他人報案所致，警察剛好在場或主動發現的比例甚低。換言之，被害者或其他民眾的報案意願若是不高，或是警察機關所提供的報案管道不暢通，將使得許多犯罪無法進入刑事司法體系，犯罪黑數自然無法降低，結果將導致政府決策人員無法掌握犯罪實況，擬定有效的犯罪防治對策。

二、警察機關應更積極處理犯罪被害事件

警察往往是政府處理犯罪事件的第一線人員，犯罪被害後的報案過程，正是民眾打量政府施政品質的適當時機，警察應該把握與守法民眾的互動機會，面對被害者或報案者的態度應不同於面對犯罪者或違規者。相關研究顯示，被害者需要的是救援、保護、尊敬與認同，給予必要的資訊與說話的機會，避免有疏離化的感覺。

三、執法機關應對案件處理過程進行全面品質管理

被害者對警察的滿意度，隨案件處理過程而呈現遞減的現象。針對此現象，警察機關不能僅以員警受理報案時的態度表現為重視的焦點，實應積極對案件處理過程進行全面品質管制，適時回應被害者的合理需要。警察機關應對未破案的被害者及其家屬，在適當時機向其說明未破案的原因，讓民眾感受到警察機關是以認真負責的態度處理民眾的被害事件。

四、編擬犯罪被害者服務及保護手冊⑤

警察機關應預先編擬「犯罪被害者服務及保護手冊」，於被害者或其家人報案時發給當事人，手冊內容應包括緊急救援、法律訴訟、被害補償、社會資源等被害人或其家屬直接可用的資訊。同時導入家庭社工或志工，協助被害人或其家屬的生活及應訊。

① 蔡穎玲《貪污犯罪形成歷程探討》，新北：國立臺北大學犯罪學研究所碩士論文，二〇〇八年。
② 馬洪根〈古代中國偵查活動中的民眾意識〉，《江蘇警官學院學報》四卷六期，二〇〇九年十一月，頁八七。
③ 譬如青少年霸凌案例中，有部份加害人因不想被霸凌而加入霸凌的集團。詳陳慈幸《組織犯罪與被害者學》（嘉義：濤石文化，二〇〇五年五月），頁一一八至一二六。
④ 孟維德《犯罪分析與犯罪治理》（臺北：五南圖書，二〇一一年三版），頁一〇三至一〇六。
⑤ 黃翠紋、孟維德《警察與犯罪預防》（臺北：五南圖書，二〇一二年），頁三五九至三六〇。

徐的籍惡相牽制 ⊕ 連坐保正／情境預防理論

【案例出處】

本文選自宋鄭克《折獄龜鑑・徐的息火》，書詳上。本文主人翁徐的字公准，福建建安郡人，宋代進士。曾任欽州軍事推官、知吳縣、梁山軍、通判常州、廣南西路提點刑獄、荊湖北路轉運使、攝江陵府事。以兵部員外郎任淮南、江浙、荊湖制置發運副使，後任制置發運使。慶曆四年，任荊湖南路安撫使，在桂陽去世。

【原文與白話意譯】

【原文】

徐的省副，知荊南府。荊南故多火，奸人緣以為盜，有一夕十發者。的籍諸惡少為保伍，使更相伺察，由是火幾息。

【白話意譯】

徐的擔任省副，兼知荊南府業務。荊南常發生火災，原來是壞人利用火災來強盜財物，曾有一晚就發生十起火災的情況。徐的於是將地方上的流氓無賴加以登錄並設為保伍，讓他們互相監視牽制，自從荊南就少有火災了。

【犯罪預防原理分析】

徐的任荊南知府時，當地賊人利用放火製造犯案機會，使得當地居民蒙受比被搶劫偷竊更大的損失。於是徐的將當地惡少——治安顧慮人口加以組織，讓他們互相監督。結果使得縱火強盜案消聲匿跡。

一、古代的對人管制：連坐保正

按徐的所運用的連坐法起源甚早，夏、西周、春秋、戰國時期都有連坐制度。商鞅變法時，立相坐之法，較為可考，其內容為：

（一）十家為伍，有問題要互相糾舉揭發，否則連坐。如不告奸，腰斬；匿奸與降敵同罪。

（二）怠貧收孥法，對於因怠惰而貧苦的平民收錄其妻子，沒入官府為奴婢。

（三）里典和伍老也因其該管範圍有人「犯罪」未檢舉而連坐。

連坐是在戶籍編制的基礎上實行的。實行連坐法的目的，就是要使得人民互相保證，互相監視，互相揭發，一人有罪，五人連坐。連坐法不但實行於鄉里，也實行於軍隊的行伍之中。

在古代，連坐也可做為一種搜捕的手段，叫作「比捕」，用意在用人情的壓力逼使嫌疑犯出面說明。《水滸傳》中的描述即可理解比捕的含義。張文遠對知縣說：「犯人宋江逃去，他父親宋太公並兄弟宋清在宋家莊居住，可以勾追到官，責限比捕，跟尋宋江到官理問。」李逵接娘上梁山，見到兄長。李達埋怨李逵：「前日江州行移公文到來，仰落原籍追捕正身，卻要捉我到官比捕。」①

至於保正，查古代農村每十戶為一保，設保長；每五十戶設一大保，設大保長；每十大保（也就是五百戶）設都保；都保的領導叫都保正，還有一個副保正。當時一戶人口比較多，平均一戶五個人，五百戶人家大約兩千五百人。再大一點就是縣；大縣設縣令，小縣設縣長，保正大體上相當於現在鄉長的職位。保正之制起於宋代。宋王安石推行保甲法，規定五百家設都保正一人，副都保正一人，下有大保長、保長，分別掌管戶口治安、訓練壯勇等事，意在加強對民間的統治。後世沿其法，泛稱保長等為保正。保正起於宋代，終結於現代。

二、今日的犯罪潛在人員管制

今日一般對人地時物的犯罪預防手段有②：

（一）對人措施：出獄人犯的監視與控制、流氓地痞慣竊及不良少年的調查與監視、運用義勇警察、獎勵民眾檢舉、普遍實施機會教育。

（二）對地措施：加強重點勤務、特種場所的控制、特種營業的登記、團體的登記。

（三）對時措施：天時季候（冬天竊盜案多，夏天風化案多）、年節假日（豪飲誤事、陣頭鬥毆）、不時突擊檢查、關注各種集會。

（四）對物措施：設置警鈴警燈、失物登記、文宣、協辦社會福利事務。

徐的到任後採用犯罪防制中的對人措施，監管素行不良，無正當職業，或有犯罪前科，或有犯罪習慣的潛在犯罪人士。③

今日犯罪預防學中還有所謂「日常活動理論」：以為有合適的標的物、有能力的監控者不在場、有動機之犯罪者在場，三者如能在時空聚合，犯罪即可能發生。④所以經濟發達，雙親家庭更見普遍時，婦女在家的時間減少，犯罪率便會上升。同時，當科技越來越發展，貨品設計越來越輕巧及方便時，犯罪率亦會上升。人類的活動模式與犯罪有密切的關係。

從「日常活動理論」可得出許多預防犯罪的小措施，並累積成深刻的降低犯罪效果。例如日常活動理論說，少被看管的財物容易被偷，那麼加裝社區監視器，或者提高警察巡邏頻率等等的提高看管強度措施，便可望降低竊盜罪。例如日常活動理論說，可移動的（未上鎖的）腳踏車容易被偷，那麼給腳踏車上鎖，或者建起有門有鎖的停車場，便可望降低腳踏車失竊率。這些也就是所謂的「情境犯罪預防」⑤：針對特定犯罪，設計、操縱和管理立即的環境，讓潛在犯罪者感覺從事該犯罪較困難及較具風險，或讓潛在犯罪者感覺從事該犯罪缺乏適當利益或可饒恕的藉口。

情境犯罪預防的具體做法是：增加犯罪風險、增加犯罪困難、降低犯罪所得。環境可被改變，使犯罪行為變得對於潛在犯罪者不具吸引力——試著增加犯罪的工夫、增加犯罪的風險、減少犯罪的利益、減少對犯罪的挑釁、移除犯罪的藉口。其運用技術包含目標物強化、通道控制、轉移潛在之犯罪、控制犯罪促進物、出入口檢查、正式監控、職員監視、自然監控、移置目標物、財產之辨識、移開誘導物、設定規則、抑制獲利、激發良知、控制意志力缺乏者、促使遵守規定等。其中的精髓是「減少犯罪機會」及「增加犯罪者所感知的風險」。

本案承辦人徐的所採用的惡少連坐，也就是增加潛在犯罪者的犯罪風險，減少他們犯案的機會。為何要減少犯罪的機會？因為機會與犯罪具有以下關聯：⑥

（一）所有犯罪的發生，機會都扮演重要的角色。
（二）犯罪機會具有高度的特定性，不同犯罪，需要不同機會。
（三）犯罪機會在時間和空間上，具有集中特性。
（四）犯罪機會，受個人日常活動的影響。
（五）某一件犯罪可能為另一件犯罪製造機會。
（六）某些物品提供了較具吸引性的犯罪機會。
（七）社會及科技的變化，製造了新的犯罪機會。
（八）犯罪機會可因外力介入而減少。

（九）減少機會，原本可能發生的犯罪不會轉移至其他地點。

（十）特定機會的抑制，可能產生多種類型犯罪的減少。

① 黃道誠《宋代偵查技術與制度研究》，保定：河北大學歷史學博士論文，二〇〇九年，頁一三八。

② 呂金榮《犯罪偵查理論與實務》（臺北：三鋒出版社，一九八九年第三版），頁一七九至一八二。

③ 羅傳賢《犯罪防制》（臺北：臺灣省警察學校，一九八四年四月），頁二三。

④ 許春金《犯罪學》（桃園：中央警察大學出版社，二〇〇〇年初版三刷），頁一六二。

⑤ 許春金《犯罪學》（桃園：中央警察大學出版社，二〇〇〇年初版三刷），頁七〇〇。

⑥ 孟維德《犯罪分析與犯罪治理》（臺北：五南圖書，二〇一〇年三版），頁五。

【古代其他相關案例舉隅】

出處	民國趙爾巽等《清史稿．循吏．劉衡》
原文	（劉）衡嘗謂律意忠厚，本之為治，求達愛民之心。然愛民必先去其病民者，故恒寓寬於嚴。官民之阻隔，皆緣丁胥表裡為奸。有訴訟，坐堂受牘，素書牒令原告交里正，轉攝所訟之人，到即訊結。非重獄，不遣隸勾攝；即遣，必注隸之姓名齒貌於簽。又令互相保結，設連坐法，蠹役無所施技。
白話意譯	詳本書「犯罪預防——下情上達」。

李崇村鼓將民力 寓警於民／社區警政

【案例出處】

本書選自《魏書・李崇傳》，《魏書》詳本書「犯罪偵查的基本前提——高素質的偵查人員」，本文主人翁李崇詳本書「常用偵查謀略——將計就計」。

【原文及白話意譯】

【原文】

（李崇）以本將軍除①兗州刺史。兗土舊多劫盜，崇乃村置一

【白話意譯】

李崇以本將軍身分正除為兗州刺史。當地自古以來就有很多搶劫的盜賊，李崇命令每個村子興建一座高樓，把鼓放到上

樓，樓懸一鼓，盜發之處，雙槌亂擊。四面諸村始聞者撾鼓一通，次復聞者以二為節，次後聞者以三為節，各擊數千槌。諸村聞鼓，皆守要路，是以盜發俄頃②之間，聲布百里之內。其中險要，悉有伏人，盜竊始發，便爾擒送。諸州置樓懸鼓，自崇始也。

面。發現盜賊的地方，便用兩個槌子亂擊鼓，其他周圍的村子聽到鼓聲，也跟著打一回鼓；再外圍的村子聽到鼓聲，則打二回鼓；更外圍的村子聽到鼓聲，則打三回鼓，一共打了數千響，都把守住交通要道。不一會兒，鼓聲傳遍百里之地，險要的地方，全部設下了埋伏，只要盜竊發生，盜賊就沒有不被捉住的。鼓樓就是從這時開始設立的。

①除，即拜官授職。《漢書．景帝紀》：「列侯薨及諸侯太傅初除之官，大行奏諡、誄、策。」顏師古注引如淳曰：「凡言除者，除故官就新官也。」

②俄傾，指片刻、一會兒。晉郭璞〈江賦〉：「倏忽數百，千里俄頃，飛廉無以睎其蹤，渠黃不能企其景。」

【犯罪預防原理分析】

今日我國《警察偵查犯罪規範》設置有「整體原則」：偵查犯罪係警察人員之共同任務，應相互信任與尊重，竭誠合作，不爭功、不諉過，並應密切連繫、協調配合，發揮整體偵查功能。偵查人員應該是一個合作的整體，切忌爭功諉過，才能發揮集體的能力和效益，對犯罪做出最有力的打擊。

社會治安除了依靠執法人員，也有賴民眾的配合和支持。本案承辦人李崇的做法便是寓警力於民力，讓百姓也為治安出一份力。李崇為了打擊猖獗的盜賊，讓每個村子都建起一座鼓樓。發生盜竊的村子擊鼓報警，一村連一村，發動許多村子的村民把守要路，共捉盜賊。用現在的話，可以說透過建立村與村之間的聯防互動制度，發動了群眾性的捉賊活動，使盜賊成為甕中之鱉。這一辦法，之所以能夠成功，一是在於調動了人們的積極性，二是捉賊緝盜，符合百姓的根本利益。①李崇這種寓警於民的方法很類似今日「社區警政」的觀念。

一、「社區警政」的內涵

（一）警民合作解決問題：認為社區警政係運用警民互信的合作關係及問題導向警政之技

巧，共同鑑別影響社區品質問題，進而找出問題的根源，由警民共同決定處理的優先順序，制定解決方案及維護治安，其最終目的則在增進整個社區組織的生活品質。（江慶興）

（二）警民互惠：「治安不只是靠警察就能做好」，唯有要求社區的投入，藉由警民共同合作才能處理並改善治安。學者林燦璋認為社區警察的精髓在建立警察與社區之互惠關係，唯有員警充分認知社區需求，充分和居民溝通，社區警政才會成功，社區居民才會從中受惠。（章光明）

（三）資源整合：社區警政係以犯罪預防為目的，以居民為中心，以社區為單位，以解決問題為導向，以服務為手段，以合作為策略，啟發、凝聚社區意識並動員社區組織，依據現實狀況發掘、整合社區各方治安資源，並將其作有效及重分配之過程。（黃富源）②

（四）犯罪偵查與預防並重：社區警政無非是尋求預防與偵查犯罪並重，並且結合社區資源。學者陳連禎也有相當的看法，他以為社區警政就是警察與守法市民同心協力的一種工作夥伴關係，以徒步巡邏之預防犯罪方式，逮捕犯罪嫌疑人，對一再發生的老問題，找出解決的方法，最後要增進都市各住宅區的生活品質。學者陳明傳認為這是將警政重點由被動處理案件的「反應式」，改為尋求有效解決問題的「預防式」警政。（葉毓蘭）

二、「社區警政」的工作重點

（一）諮詢，意指定期且有系統地諮詢社區民眾，以了解他們對社區治安問題及其他社區公共事務的需求，透過如「社區治安會議」的諮詢機制，降低警民之間的對立與衝突，及作為警察勤務方式的修正依據，以建立警民合作的共識，並達成治安的維護。

（二）調適，意指決策權下放，使基層管理者能夠決定滿足社區需求的各項因應作為。將若干員警賦予規劃的責任，再分派至分局轄區中，針對治安、人事等事務制度作因時因地制宜之相關措施，並將社區人力、物力等社會資源作有效的規劃運用，使警察的指揮結構符合社區的範圍，並共同為維護社區治安的工作而努力。

（三）動員，意指以資源整合的模式，積極徵募非警察人員及非警察機構的協助，共同解決社區的治安問題。

（四）問題解決，意指矯正或去除引發失序行為或犯罪的狀況。

社區警政的目的在社區犯罪預防、重組巡邏活動、增加警察的責任心與成就感、指揮分權化。③目前我國常見的社區警政作法有「鄰里守助」和「鄰里巡邏」等。④

民眾除了分擔警察的工作外，還有另外一項改善治安的工作和義務——「檢舉」。中國的民眾檢舉制度歷史很悠久。《韓非子・奸劫弒臣》裡就有檢舉獎金和隱匿處罰的相關規定：「商君說秦孝公以變法易俗而明公道，賞告奸。」意思是，商君勸說秦孝公改變舊法，移風易俗來彰明奉公的原則，獎賞告發奸邪的行為。而且對這種「告奸」的賞賜完全是一種「賞厚」。而秦代的通緝措施，主要是官府鼓勵民眾在發現犯罪人後，積極告發、勇於緝捕，也給予優厚的獎勵。據《睡虎地秦墓竹簡・法律答問》載：「夫、妻、子十人共盜，當刑城旦，亡，今甲捕得其八人，問甲當購幾何？當購人二兩。」意思是，一戶的丈夫、妻子、兒女十人共同盜竊，都應當處服城旦勞役之刑，後來逃跑了，現在某甲將其中八個人抓獲，問應當給某甲獎賞多少？應當按照每抓獲一個人給予二兩黃金獎賞。這樣的規定就有力推動了秦國全民告發犯罪、扭送犯罪人的積極性。但檢舉制度有時會被拿來做為陷害仇人或貪謀獎金的工具，所以最早在秦代就已經規定對檢舉的弄虛作假給予處罰。據《睡虎地秦墓竹簡・秦律雜抄》記載：「捕□律曰：『捕人相移以受爵者，耐。□求□勿令送逆為它，令送逆為它事者，貲二甲。』」意思是，官吏將所捕的人轉交他人，騙取爵位的，處以耐刑。⑤

① 鄭重〈古文精選今譯：擊鼓擒賊〉，「正見」，http://www.zhengjian.org/node/117015。
② 社區警政重點由筆者整理而出，各學者看法轉引自程連志《社區警政預防犯罪成效之研究——以臺中市為例》（臺中：東海大學公共事務碩士專班碩士論文，二〇一一年），頁一八至一九。
③ 程連志《社區警政預防犯罪成效之研究——以臺中市為例》（臺中：東海大學公共事務碩士專班碩士論文，二〇一一年），頁二〇至二三。
④ 鄧煌發、陳淑雲、鍾志宏、王炳煌、楊華中《犯罪預防理論與實務》（臺北：洪葉文化，二〇一二年），頁五四至六四。
⑤ 李繪〈通緝制度略考〉，《犯罪研究》二〇一一年三期，頁四三。

【古代其他相關案例舉隅】

出處	清張廷玉等《明史·陶魯傳》
原文	陶魯，字自強，蔭授新會丞。當是時，廣西瑤流劫諸府，破城殺吏無虛月。香山、順德間土寇蜂起，新會無賴子群聚應之。魯召父老語曰：「賊氣吞吾城，不早備且陷，若輩能率子弟捍禦乎？」皆曰：「諾。」乃築堡砦①，繕②甲兵，練技勇，以孤城捍賊衝。建郭掘壕，布鐵蒺藜③、刺竹於外，城守大固。賊來犯，輒擊破之。
白話意譯	陶魯字自強，因為祖上庇蔭，授官新會丞。當時廣西瑤族流寇在轄內各府做亂，常常攻破城池、殺死守吏。香山和順德之間也有很多土寇勢力竄起，新會地方的無賴常常和他們相呼應。陶魯於是召集當地父老說：「盜賊想要侵犯新會，如果不早點備戰，很快就會淪陷，你們能帶領族中青壯一起抵禦嗎？」父老們都說：「沒問題。」於是大伙兒就動員起來蓋堡寨、修整甲兵、鍛練戰技，希望能以一孤城對抗盜匪的衝擊。城牆建好還挖出深壕，撒下鐵蒺藜和佈下刺竹，防禦工事變得更加堅固。盜匪來犯，很輕易地就加以擊退了。

注釋

①堡砦，指堡寨。《宋史·趙滋傳》：「代州、寧化軍有地萬頃，皆肥美，可募人田作，教戰射，為堡砦。」

②繕，指備辦、整治。《國語·魯語下》：「繕貢賦以共從者。」

③鐵蒺藜為蒺藜狀的尖銳鐵器。戰時置於路上或水中，用以阻止敵方人馬前進。《六韜·軍用》：「狹路微徑，張鐵蒺藜，芒高四寸，廣八寸，長六尺以上，千二百具。」

Do科學04　PB0027

你也能當包青天
──中國古代犯罪偵查實務與理論

作　　者／鄒濬智
責任編輯／蔡曉雯
圖文排版／楊家齊
封面設計／王嵩賀

出版策劃／獨立作家
發 行 人／宋政坤
法律顧問／毛國樑　律師
製作發行／秀威資訊科技股份有限公司
地址：114 台北市內湖區瑞光路76巷65號1樓
電話：+886-2-2796-3638　傳真：+886-2-2796-1377
服務信箱：service@showwe.com.tw
展售門市／國家書店【松江門市】
地址：104 台北市中山區松江路209號1樓
電話：+886-2-2518-0207　傳真：+886-2-2518-0778
網路訂購／秀威網路書店：https://store.showwe.tw
國家網路書店：https://www.govbooks.com.tw

出版日期／2014年10月　BOD一版　**定價**／290元

|獨立|作家|
Independent Author

寫自己的故事，唱自己的歌

你也能當包青天：中國古代犯罪偵查實務與理論 / 鄒濬智編著.
-- 一版. -- 臺北市：獨立作家, 2014.10
面；　公分. -- (Do科學系列；PB0027)
ISBN 978-986-5729-29-5 (平裝)

1. 刑事偵察 2. 犯罪 3. 鑑識 4. 中國

548.692　　103015258

國家圖書館出版品預行編目

讀者回函卡

感謝您購買本書，為提升服務品質，請填妥以下資料，將讀者回函卡直接寄回或傳真本公司，收到您的寶貴意見後，我們會收藏記錄及檢討，謝謝！

如您需要了解本公司最新出版書目、購書優惠或企劃活動，歡迎您上網查詢或下載相關資料：http:// www.showwe.com.tw

您購買的書名：____________________________

出生日期：________年________月________日

學歷：□高中（含）以下　□大專　□研究所（含）以上

職業：□製造業　□金融業　□資訊業　□軍警　□傳播業　□自由業

□服務業　□公務員　□教職　□學生　□家管　□其它____

購書地點：□網路書店　□實體書店　□書展　□郵購　□贈閱　□其他

您從何得知本書的消息？

□網路書店　□實體書店　□網路搜尋　□電子報　□書訊　□雜誌

□傳播媒體　□親友推薦　□網站推薦　□部落格　□其他________

您對本書的評價：（請填代號　1.非常滿意　2.滿意　3.尚可　4.再改進）

封面設計____　版面編排____　內容____　文／譯筆____　價格____

讀完書後您覺得：

□很有收穫　□有收穫　□收穫不多　□沒收穫

對我們的建議：____________________________

____

____

____

請貼
郵票

11466
台北市內湖區瑞光路 76 巷 65 號 1 樓
獨立作家讀者服務部 收

....

（請沿線對折寄回，謝謝！）

姓　　名：____________________　年齡：________　性別：□女　□男

郵遞區號：□□□□□

地　　址：____

聯絡電話：(日) ______________________ (夜) ______________________

E-mail：____